LIBERDADE
FINANCEIRA

ANDRÉ MASSARO

LIBERDADE FINANCEIRA

MUDE SEUS HÁBITOS PARA PROSPERAR, FAZER
O DINHEIRO CRESCER E TRABALHAR A SEU FAVOR

)|(Academia

Copyright © André Massaro, 2019
Copyright © Editora Planeta do Brasil, 2019
Todos os direitos reservados.

Preparação de textos: Diego Franco Gonçales
Diagramação, projeto gráfico: Sergio Rossi
Revisão: Project Nine Editorial e Carmen T. S. Costa
Capa: Luiz Sanches Junior

DADOS INTERNACIONAIS DE CATALOGAÇÃO NA PUBLICAÇÃO (CIP)
ANGÉLICA ILACQUA CRB-8/7057

Massaro, André
  Liberdade financeira / André Massaro. -- São Paulo: Planeta, 2019.
  192 p.

  ISBN: 978-85-422-1777-3

  1. Não ficção 2. Finanças pessoais 3. Autoajuda 3. Educação financeira I. Título

19-2048   CDD 332.024

Índices para catálogo sistemático:
1. Não ficção - Finanças pessoais

2019
Todos os direitos desta edição reservados à
EDITORA PLANETA DO BRASIL LTDA.
Rua Bela Cintra 986, 4º andar – Consolação
São Paulo – SP CEP 01415-002
www.planetadelivros.com.br
faleconosco@editoraplaneta.com.br

Se você procurar conviver com pessoas financeiramente responsáveis, que pensam em seu próprio progresso e que são orientadas para um futuro tranquilo e confortável, você acabará (espera-se!) incorporando e reforçando esses traços em si próprio. Então, não hesite em afastar de sua vida aquelas pessoas que puxam você para baixo.

AGRADECIMENTOS

É comum começar a parte de agradecimentos de um livro pelo "bloco da família".

Então, inicialmente, quero agradecer à minha mãe Evelyn e ao meu pai Mario (*in memoriam*) por me ensinarem, entre outras coisas, a gostar de livros (e isso é algo ainda mais raro do que parece!). Também quero agradecer à inseparável (e insuperável) Erica, por todo apoio e pela paciência.

Menção especial ao Pedro Almeida que, basicamente, tornou esta obra possível. Agradecimentos também para o meu editor André Fonseca e sua equipe na Editora Planeta pelo empenho, dedicação e confiança. Durante o processo de revisão e finalização deste livro, ele foi tratado com enorme respeito pela Editora. Eu, como autor, digo que isso não será esquecido.

Quero também agradecer aos meus alunos (dos vários cursos e treinamentos que eu ministro) e ao público que me segue e acompanha na mídia. Obrigado por acreditarem na educação financeira e, mais que isso, obrigado por acreditarem em MIM!

E a todos aqueles que buscam (pelas formas corretas) a tão sonhada liberdade financeira, estamos juntos!

INTRODUÇÃO
NOSSO GANHO É PROPORCIONAL AO
VALOR QUE REPRESENTAMOS NA VIDA DE OUTRAS PESSOAS **13**

CAPÍTULO 1
AGORA VAI! (MAS DEPENDE DE VOCÊ...) **19**

CAPÍTULO 2
POR QUE AS PESSOAS FICAM POBRES? **35**

CAPÍTULO 3
AS MENTIRAS QUE CONTAMOS PARA NÓS MESMOS **51**

CAPÍTULO 4
MITOS E VERDADES SOBRE O ENDIVIDAMENTO **65**

CAPÍTULO 5
É VOCÊ CONTRA O MUNDO **75**

CAPÍTULO 6
COMO (ENFIM) SAIR DAS DÍVIDAS **89**

CAPÍTULO 7
DOMANDO A PRESSÃO SOCIAL **103**

CAPÍTULO 8
O PAPEL DA FAMÍLIA **117**

CAPÍTULO 9
RENDA – A ENERGIA VITAL   **127**

CAPÍTULO 10
O CAMINHO PARA O ENRIQUECIMENTO   **139**

CAPÍTULO 11
COMO SER À PROVA DE CRISES   **153**

CAPÍTULO 12
EVITANDO ARMADILHAS   **165**

CAPÍTULO 13
OLHANDO PARA O FUTURO   **175**

Você é SIM responsável por sua situação financeira, pois, exceto pelas circunstâncias que determinaram seu nascimento, tudo o que lhe aconteceu dali em diante foi consequênciadas suas escolhas.

INTRODUÇÃO

NOSSO GANHO É PROPORCIONAL AO VALOR QUE REPRESENTAMOS NA VIDA DE OUTRAS PESSOAS

> Finanças pessoais" é uma área do conhecimento que está fortemente relacionada a "desenvolvimento pessoal". Tanto isso é verdade que, em muitos contextos, esse ramo é visto muito mais como autoajuda do que, propriamente, "finanças".

Ao contrário do que muita gente ligada a esse mundinho da autoajuda sugere, o dinheiro não é uma energia, ou alguma coisa mágica. Pelo contrário: o dinheiro é algo bem terreno, que usamos para organizar os recursos em um cenário de escassez – afinal, não dá para todo mundo ter tudo aquilo que quer.

Quando me perguntam o que é o dinheiro, eu gosto de dizer: é algo que dá "acesso". Quem tem dinheiro, tem acesso. Acesso a lazer, a saúde de boa qualidade, às coisas boas da vida. O dinheiro é uma construção humana que serve, basicamente, para determinar quem pode ter o quê.

O dinheiro também tem outra função muito importante: servir como uma "métrica". As coisas boas da vida têm um valor, e, salvo algumas exceções, nós conseguimos expressar esse valor em termos monetários.

Assim sendo, se você está ganhando dinheiro – e assumindo que ele esteja vindo por meios honestos e moralmente aceitáveis –, isso significa que é bem provável que você está provendo valor para a vida de alguém. As pessoas nos pagam pelo valor que adicionamos à vida delas.

Às vezes as coisas acontecem de um jeito que pode parecer um pouco estranho para alguns. Se um jogador de futebol famoso ganha 1.000 vezes mais que um professor reconhecido, é porque as pessoas valorizam mais o jogador do que o professor. É injusto? Pode ser, mas é assim que o mundo funciona. Não cabe a mim, e provavelmente nem a você, fazer julgamentos sobre o que o resto do mundo considera ser digno de valor ou não. Mas o fato é: aquilo que é percebido pela maioria como "de maior valor" será recompensado financeiramente. Há outras questões que interferem nessa conta, como a parte que se ganha pela publicidade e pela transmissão dos jogos, algo que representa valor para emissoras, agências de publicidade e grandes anunciantes. Já imaginaram essas empresas realizando o mesmo investimento num professor?

E aqui é interessante falarmos um pouco mais sobre valor, esse conceito tão importante. "Valor" é algo que vem de fora para dentro. Não podemos atribuí-lo a nós mesmos (não importa o quanto já falaram sobre "se dar valor"). Quem o atribui a nós, às nossas coisas e àquilo que fazemos são as pessoas e o mundo, de forma geral. Você pode argumentar o quanto quiser que a sua casa vale 10 milhões de reais, mas, se não houver ninguém disposto a pagar este valor, então ela não vale – simples assim.

Sendo assim, nunca perca isto de perspectiva: se o jogador de futebol "vale" mais que o professor, é porque o mundo decidiu assim. Agora, se o mundo está doente, louco e insano, isso é algo que foge do escopo deste livro...

Retomando o nosso raciocínio: se você está ganhando dinheiro, é porque, aos olhos do mundo, deve estar fazendo alguma coisa certa na vida. Você está sendo uma pessoa melhor (ou ao menos está sendo percebido como tal). Por isso a grande proximidade entre finanças pessoais e desenvolvimento pessoal.

Porém, essa semelhança não para por aí. Assim como acontece no mundo do desenvolvimento pessoal, não passa um dia sem que alguém lance um livro novo, um blog, um curso, um seminário ou um canal de vídeo se propondo a ensinar as pessoas a lidarem com o próprio dinheiro. Mas, a despeito de todo esforço, parece que cada vez mais as pessoas têm dificuldades com as próprias finanças. Quanto mais conteúdo é publicado, mais as pessoas precisam de ajuda...

Mesmo com toda a informação disponível, as pessoas continuam se atrapalhando na gestão financeira, endividando-se de forma perigosa, consumindo descontroladamente e caindo em golpes que já existem há séculos.

O que está dando errado? Por que existem tantos materiais de finanças pessoais e, ainda assim, as pessoas continuam no buraco? Por que existem tantos livros de dietas e as pessoas continuam fora de forma? Por que existem tantos livros de produtividade e gestão do tempo e as pessoas continuam totalmente enroladas?

No caso específico das finanças, credito o fracasso de grande parte das iniciativas de educação financeira a uma ênfase excessiva nas informações e pouca atenção ao comportamento.

Saber as particularidades de cada instrumento financeiro é algo muito útil, mas não é isso que vai fazer a diferença na vida de uma pessoa que está economicamente destroçada. Do mesmo modo, saber detalhadamente as vias metabólicas acaba sendo de pouca utilidade prática para quem quer perder peso.

Conhecimento é importante, mas ele não tem valor se não vier com ATITUDE. E atitude nem sempre implica em "fazer algo". Pelo contrário, muitas vezes implica, exatamente, em não fazer. NÃO fazer dívidas sem necessidade, NÃO fazer bobagens com o dinheiro, NÃO cair em golpes por ganância e ingenuidade.

Aqui, neste livro, tem conhecimento. Mas você vai encontrar, também, muitas sugestões de ideias, atitudes e comportamentos que vão ajudar a colocar sua vida financeira no rumo. E, como você verá ao longo da leitura, os comportamentos e atitudes que tiram você do buraco são exatamente os mesmos comportamentos e atitudes que o colocam num caminho de enriquecimento e prosperidade. Tudo é uma questão de executar... e seguir executando.

Os limites e o destino dessa jornada serão definidos por você. E você é a pessoa que tem o poder de começar – e prosseguir. Você é a pessoa que pode determinar, de uma vez por todas, se "agora vai". E se você vai conquistar (e manter) a tão sonhada liberdade financeira.

Boa leitura!

CAPÍTULO 1

AGORA VAI!
(MAS DEPENDE
DE VOCÊ...)

Este é um livro sobre finanças pessoais. Quando falamos em finanças pessoais, é importante ressaltar a palavrinha "pessoais". Sim, estamos falando das SUAS finanças – ou, no máximo, das finanças de sua família.

Nós vivemos num ambiente econômico mais amplo, e naturalmente as nossas finanças são afetadas por ele. Mas, ao menos neste livro vamos focar no plano pessoal (que é onde temos controle).

E os problemas de finanças pessoais são resolvidos com soluções igualmente pessoais. Ou seja, se nós nos deixamos ir para o buraco, cabe a nós mesmos nos tirarmos de dentro dele...

A MAIOR MENTIRA DO MUNDO

Tem uma velha piada de origem desconhecida e com muitas variações. Uma das versões dessa piada diz que as 3 maiores mentiras do mundo são:

1) É claro que eu te amo de verdade.
2) Já mandei o cheque pelo correio.
3) Eu sou do governo e estou aqui para ajudar.

Há dúvidas sobre as duas primeiras, mas a terceira é praticamente um consenso, a ponto de o falecido presidente norte-americano Ronald Reagan dizer que as nove palavras mais amedrontadoras da língua inglesa são *I'm from the government and I'm here to help* – versão em inglês da terceira frase.

Ou seja, de uma forma ou de outra, há precedentes em que o próprio governo reconheceu ser melhor que nós, cidadãos, não esperemos por muita ajuda.

Falei de uma figura icônica da história norte-americana, e agora quero evocar uma figura icônica brasileira, ainda que fictícia: o grande símbolo da cultura pop e filósofo contemporâneo Capitão Nascimento, personagem interpretado pelo ator Wagner Moura no filme *Tropa de elite*: "O sistema não trabalha para resolver os problemas da sociedade, o sistema trabalha para resolver os problemas do sistema".

Se pudermos tirar alguma lição dessas pérolas de sabedoria, é a seguinte: se você esperar alguma ajuda "de cima" – do governo ou de alguma outra alma piedosa com poderes sobrenaturais –, é grande a chance de você se ferrar (a palavra que me vem à mente não é exatamente "ferrar" – também começa com a letra "f", mas é melhor deixar para lá...).

Lamento informar, mas o governo não vai salvá-lo e nem ajudar a resolver seus problemas financeiros. Pelo contrário, o governo é um dos responsáveis (não é o principal, mas tem um papel relevante) pelos perrengues que a maioria das pessoas enfrenta.

Para nós, brasileiros, isso é uma coisa um tanto complicada. Nós, como povo, temos uma postura igualmente esquizofrênica e conflitante em relação ao governo. Reclamamos que ele gasta demais, que é fiscalmente irresponsável, que é incompetente... mas ao mesmo tempo esperamos que o governo vá lá e resolva tudo para nós.

E o que toda essa elucubração tem a ver com o tema deste livro? Basicamente, TUDO, pois muitas pessoas, se perguntadas sobre as origens de suas crises financeiras pessoais, apontarão o dedo para o governo.

A crença de que o governo tem a capacidade (e a obrigação) de resolver os problemas financeiros das pessoas nos leva, inclusive, a idealizar o que acontece em outros países (como se as pessoas não tivessem problemas financeiros nos Estados Unidos, no Japão ou na Europa). Pode ser meio difícil de acreditar, mas existem pessoas vivendo de forma miserável em países ricos e existem pessoas que estão com a vida financeira razoavelmente em ordem (poucas, mas existem...) na Coreia do Norte ou na Venezuela.

Nós temos que aceitar que o governo simplesmente existe.

Governantes tomam e tomarão decisões arbitrárias, irracionais e discutíveis que afetarão a economia e, consequentemente, nossa vida. E cidadãos comuns têm meios limitados de influenciar essas decisões governamentais. Para piorar, grande parte dessas decisões não será para nos ajudar, e sim para nos complicar ainda mais.

Então, se formos esperar o governo resolver alguma coisa, é melhor simplesmente desistir de vez. Senão, estaremos nos condenando a uma vida financeira, no mínimo, frágil.

CULPA *VERSUS* RESPONSABILIDADE

Nós não escolhemos nascer onde nascemos, nem em que circunstâncias. Porém, a partir do momento que passamos a existir como indivíduos, nós passamos a ter o poder das escolhas. Desse momento em diante, aquilo que seremos, viveremos e conquistaremos será, essencialmente, o resultado das nossas escolhas.

Antes, vamos falar uma coisa que não é ou pelo menos não deveria ser nenhuma novidade para você: o mundo não é um lugar justo. Algumas pessoas nascem em berço de ouro, enquanto outras nascem no meio do caos e da miséria. Alguns nascem em perfeita saúde, enquanto outros nascem com grandes desafios impostos pela natureza. Alguns nascem em famílias estruturadas, que darão todo o suporte durante a vida, enquanto outros são abandonados em seu momento de maior vulnerabilidade.

A vida é assim, e infelizmente não temos a opção de dar um *reset* e tentar renascer em condições mais favoráveis. Uma vez que estamos aqui neste mundo, só nos resta fazer escolhas e torcer para que elas se revelem acertadas.

Escolhas são associadas a responsabilidades, pois têm consequências. Então, somos responsáveis por nossas escolhas. Porém, responsabilidade não é sinônimo de culpa!

A diferença entre responsabilidade e culpa é debatida em várias instâncias, desde a esfera legal e a filosófica até as inflamadas discussões de botequim e textinhos rasos que circulam por aí.

Vamos aqui tentar definir as coisas: "responsabilidade" é o reconhecimento e a consciência de que nossas ações e decisões geram consequências; "culpa" é o resultado de um julgamento feito por terceiros ou por nós mesmos – alguém colocando o dedo na nossa cara e dizendo "você fez uma coisa errada, imoral ou ilegal".

E aqui é o momento de fazer uma confidência... Quando se escreve um livro de autoajuda (ou de finanças pessoais – que não deixa de ser uma forma de autoajuda), não é uma boa prática começar o livro esculhambando o leitor, jogando na cara que "sua vida é uma merda por causa das escolhas que você fez". Normalmente nós, os autores, procuramos pegar um pouco mais leve, especialmente no começo, para não desestimular a leitura e não fazer com que o leitor fique com sentimento de culpa.

Pronto! Agora eu toquei na palavra-chave. Tendo clareza sobre a diferença entre responsabilidade e culpa, agora posso dizer sem precisar ficar "cheio de dedos" que você tem total responsabilidade por sua vida financeira... Mas isso não necessariamente significa que você tenha CULPA por ela.

Sim, você não tem CULPA por sua situação financeira. A não ser que você tenha, ao longo de sua vida, tomado decisões de forma consciente para prejudicar suas finanças, não há por que sentir qualquer tipo de culpa. A maioria das pessoas "normais" procura tomar decisões financeiras em seu próprio benefício e benefício de suas famílias e grupos mais próximos.

Mas você é SIM responsável por sua situação financeira, pois, exceto pelas circunstâncias que determinaram seu nascimento, tudo o que lhe aconteceu dali em diante foi consequência das suas escolhas. O que pode ter acontecido (e provavelmente aconteceu) foi você as ter feito com as melhores intenções, mas essas escolhas foram baseadas em informações erradas ou incompletas. Você agiu baseado naquilo que, naquele momento, você entendia como "certo".

Se você não agiu de forma deliberada para prejudicar a si próprio, você pode ser responsável por sua atual situação, mas dificilmente será considerado "culpado".

UMA NOVA ERA DE RESPONSABILIDADE INDIVIDUAL

Até aqui falamos do governo (alguns podem argumentar que eu deveria estar me referindo ao Estado, e não ao governo – mas isso não faz nenhuma diferença prática) e da responsabilidade por nossas escolhas.

Este é o momento que vamos tentar juntar as duas coisas para dar algum encadeamento lógico ao que foi apresentado até o momento.

No que se refere à participação do governo (ou Estado, se preferir) nas nossa vida financeira privada, estamos vivendo tempos interessantes. Há, de um lado, um grande grupo pregando que o governo não tem condições de zelar pelo bem-estar e pela segurança financeira das pessoas – e que este nem deveria ser seu papel. É o pessoal que argumenta, com razão, que o sistema de previdência e seguridade social está falido (não só aqui, mas numa escala global). Eles apontam também a dificuldade do governo em ajudar pessoas em necessidade – daí se falar tanto em "terceiro setor", iniciativas privadas para conduzir as ações sociais que o governo não tem condições ou competência para cuidar. Por fim, dizem também que os mecanismos de proteção a pequenos investidores acabam amarrando a economia.

Na visão dessas pessoas, o governo deveria se afastar cada vez mais dos indivíduos, garantindo apenas o básico e deixando que cada um cuide de sua vida. Entendem que o governo deveria parar de tentar proteger as pessoas de si mesmas e deixar que elas sofram as consequências das bobagens que fazem, como se endividar de forma exagerada, consumir feito loucas e gastar o dinheiro que não têm...

Um outro grupo vai pelo caminho oposto. Argumenta que será IMPOSSÍVEL, no futuro, que o Estado não tenha um papel de "provedor benevolente" de conforto material. A argumentação até faz algum sentido: é baseada no desenvolvimento de novas tecnologias, como a Inteligência Artificial, que podem acabar com boa parte dos empregos. E ao contrário das últimas grandes transformações no mundo do trabalho, dessa vez não tem para onde correr. Se antes empregos perdidos em um setor como a indústria, por exemplo, eram compensados pela criação de vagas em outro, como o de serviços, agora as inovações tecnológicas vão cair como uma bomba sobre todos os setores.

O pessoal que segue essa linha da destruição dos empregos pela tecnologia diz que simplesmente não vai ter trabalho, ainda que a pessoa esteja disposta a trabalhar. A única saída seria o governo prover uma "renda básica universal" (uma espécie de "bolsa família") para que as pessoas possam viver com alguma dignidade sem precisarem trabalhar.

Alguns países, inclusive, já estão fazendo experiências (ainda limitadas) com a renda básica universal, mas é bom não contar com ela tão cedo. Ao menos no momento em que escrevo essas palavras, a força maior está do lado daqueles que dizem que o governo não pode mais cuidar das pessoas – e a renda básica universal ainda pertence mais ao mundo da ficção científica do que à nossa realidade objetiva.

Algo similar se observa com as empresas. Hoje, uma empresa que atua como uma "segunda família" é uma exceção, e não a regra. Aquela que cuida de você, que dá plano de saúde, investe no seu desenvolvimento profissional, paga previdência privada, segurança e inúmeros outros benefícios... Cada vez mais isso vai virando uma coisa do passado. As relações de trabalho estão ficando cada vez mais flexíveis (novamente, numa escala global – não é só aqui) e as pessoas estão tendo que cuidar mais de si próprias.

Enfim, teremos que ser responsáveis por nossa vida. Ninguém vai tomar conta da gente. Nem o governo, nem seu empregador, nem ninguém. Ser admitido numa empresa e esperar que, daqui trinta anos, você vai ganhar um relógio de ouro e uma aposentadoria gorda já não é mais um plano realista. Pode até ser que algo assim aconteça na sua vida, mas contar com isso é, no mínimo, temerário...

Então, boas-vindas à nova era da responsabilidade individual, uma era em que "cada um cuida do próprio rabo". Seu dinheiro, sua família, sua educação, sua saúde, seu desenvolvimento profissional, sua aposentadoria... cada vez mais essas coisas serão SUAS responsabilidades. Os governos e as empresas mal conseguem cuidar de si próprios, quanto mais de nós... Se você não cuidar de si mesmo e de sua família, ninguém mais vai fazer.

Quando formos procurar o responsável pela nossa situação financeira, o primeiro lugar para o qual a gente deve olhar é o espelho.

"Mas eu já nasci numa situação financeira caótica, como

posso ser responsável por isso? Eu não escolhi nascer na família ou no país em que nasci!"

De fato, não escolhemos nascer como e onde nascemos, mas temos a capacidade de mudar nossa vida.

COMPORTAMENTO PREVALECE SOBRE CONHECIMENTO

Uma perguntinha rápida: você fuma? Ou já fumou no passado? Caso nunca tenha fumado, conhece alguém que fuma? (Vou ficar muito surpreso se você não respondeu pelo menos um "sim" até aqui…)

Ok, então uma última pergunta: você conhece alguém que fuma e que NÃO SAIBA que o cigarro faz mal à saúde? (E agora vou ficar REALMENTE muito surpreso se vier qualquer resposta que não seja um "não".)

Praticamente todo mundo sabe que fumar faz mal à saúde, ainda que alguns gostem de dar aquela racionalizada básica dizendo coisas como "minha avó fumou até os 90 anos e não aconteceu nada…". Esse tipo de resposta meio defensiva só existe porque a pessoa sabe que faz mal, mas precisa se colocar numa posição em que não se culpe tanto. E aqui estamos, de fato, falando de culpa, e não de responsabilidade – se a pessoa sabe que está fazendo uma coisa errada, então vamos presumir que é uma atitude deliberada.

Se praticamente todo mundo sabe que fumar faz mal, por que as pessoas continuam fumando? Pois é… Este é o momento em que aquele nosso mecanismo mental de distorção da realidade entra em ação, e começam as justificativas e racionalizações: "Eu consigo parar na hora que eu quiser", "Vou começar a parar na semana que vem", "Estou passando por uma fase muito estressante no trabalho e preciso aliviar", e por aí vai.

Ainda que acompanhado de imagens de pulmões carbonizados e outras coisas que, hoje em dia, fazem parte da "decoração" dos maços de cigarro, o simples conhecimento de que fumar faz mal não é o suficiente para que as pessoas parem.

Fumar é um hábito e, mais que isso, uma dependência química. Há controvérsias se o vício químico é mais forte que o psicológico, mas o fato é que o elemento comportamental no fumo é extremamente relevante.

Nós vemos coisas parecidas com outros hábitos nocivos, como abuso de drogas, os diversos "pós brancos" (o açúcar, a farinha de trigo refinada e aquele outro...) e comportamento sexual de risco. As pessoas SABEM que estão fazendo bobagem, mas ainda assim prosseguem. É aquilo que os gregos, seguindo a bola levantada por Platão, chamavam de "acrasia", que é a falta de controle pessoal ou ato de ir contra o próprio julgamento, fazendo aquilo que é sabidamente errado.

"Saber" que fumar faz mal simplesmente não é o bastante.

Eu estou envolvido com educação financeira e com finanças pessoais há muitos anos. Não vou dizer que já vi de tudo nessas áreas, mas com certeza estou perto disso. Como você poderá ver ao longo deste livro, grande parte dos problemas em finanças pessoais não são verdadeiramente financeiros. São problemas psicológicos, cognitivos, de comportamentos, de hábitos e de crenças.

"Finanças" (em particular finanças pessoais) está muito longe de ser uma ciência exata. Porém, lá nos seus fundamentos, o conhecimento dessa área é apoiado em matemática (inclusive temos a chamada "matemática financeira").

Assim sendo, há uma verdadeira matemática indiscutível na gestão financeira: o dinheiro entra e o dinheiro sai. Simples assim...

Se entrar mais do que sai, sobra dinheiro. Se sair mais do que entra, falta dinheiro... NADA no Universo vai mudar essa simples e singela realidade. Quer ter dinheiro? Gaste menos do que ganha. Quer ter dívidas e viver numa situação de escravidão? Gaste mais do que ganha.

Mais de 90% de todos os problemas financeiros de indivíduos e famílias simplesmente não existiriam se fossem observadas apenas quatro palavras: VIVA CONFORME SUAS POSSIBILIDADES.

Não tem dinheiro para viver como gostaria? Paciência. Adapte seu estilo de vida e faça o que for preciso para conseguir, em outro momento, viver do jeito que quiser.

Do ponto de vista lógico, tudo é muito simples. Mas, na realidade pessoal de cada um, nem sempre a lógica prevalece. Assim como no caso do fumante, toda pessoa endividada "sabe" que está naquela situação por gastar mais do que poderia, mas todo mundo tem uma explicação.

Algumas são muito justificáveis, como "perdi minha fonte de renda e a situação se descontrolou". Outras são injustificáveis, como "eu tenho *n* filhos para sustentar" (ah, é? Então a culpa é dos seus filhos?). E outras ainda beiram o insulto, como "não consigo viver no padrão de vida que eu mereço" (só para deixar registrado, ninguém "merece" nada – falaremos mais sobre isso em breve...).

O FRACASSO (SERÁ?) DA EDUCAÇÃO FINANCEIRA

"Educação financeira" é um tema que tem ganhado muito espaço nos últimos anos. O ambiente financeiro vem ficando cada vez mais complexo, com inúmeras opções de crédito, investimento, previdência, seguros e por aí vai. Com isso, a falta de traquejo das pessoas com a gestão do próprio dinheiro vai se tornando cada vez mais evidente – e a despeito dos esforços dos profissionais e entusiastas da educação financeira, as pessoas continuam fazendo bobagens com o dinheiro e jogando contra si próprias.

Dizer que a educação financeira é um fracasso talvez seja certo exagero, mas certamente ela não é um sucesso... São poucas as iniciativas desse tipo que estão apresentando resultados concretos, com mudanças comportamentais observáveis em prazos mais longos.

Talvez um dos problemas da educação financeira, da forma como ela está sendo aplicada, seja a excessiva ênfase em produtos e conceitos puramente financeiros, quando o buraco é mais embaixo. Saber as diferenças básicas entre um crédito consignado e um crédito pessoal, entre um PGBL e um VGBL e entre um CDB e a caderneta de poupança é algo que tem seu lugar e seu valor. Mas colocar ênfase nessas questões mais técnicas e menos comportamentais não vai atacar o problema real. É algo equivalente a tentar ensinar o fumante que fumar faz mal.

Se você quer REALMENTE colocar ordem na sua vida financeira e passar do estágio do "agora vai!" para o "agora foi!", você vai ter que trabalhar em seus hábitos e comportamentos, mais que em seu conhecimento.

Qualquer bloguezinho mequetrefe na internet explica, de forma rápida e descomplicada, qual é a diferença entre o cheque especial e o rotativo do cartão de crédito; mas, acredite, não é isso que vai fazer diferença.

Conhecimento se adquire (e aliás, é grátis!), mas comportamento é algo que se forma e que se constrói. E nunca se esqueça de que, pelo menos no universo das finanças pessoais, o comportamento prevalece sobre o conhecimento.

CAPÍTULO 2

POR QUE AS PESSOAS FICAM POBRES?

Há uma frase muito famosa, atribuída ao jornalista americano H. L. Mencken: "Para todo problema complexo, existe uma resposta que é clara, simples e... errada".

Tem gente no mundo que, por alguma razão estranha, enaltece a pobreza. Tem gente que acha que a pobreza é uma coisa bela, pura e virtuosa... Mas a maioria das pessoas minimamente inteligentes que eu conheço reconhece que a pobreza é um problema. Mais que isso, é um problema complexo. E problemas complexos costumam atrair explicações claras, simples e erradas...

A pobreza existe, basicamente, desde que há a Humanidade. É algo que está conosco faz tanto tempo que temos dificuldade em entender se a pobreza é, de fato, um "problema" ou se é uma "característica" da civilização.

De qualquer forma, muitos economistas, antropólogos e outros estudiosos tentam entender a pobreza e suas origens. Por ser um problema complexo, a pobreza não tem uma única causa – vários fatores, de natureza econômica, social e ambiental, são considerados e ponderados quando se tenta definir as suas causas.

Entre os suspeitos usuais estão a desnutrição, as guerras, a violência, a corrupção dos governos, a falta de acesso à educação e à informação (discutível nos tempos atuais), alterações climáticas, estruturas familiares e sociais, e por aí vai. A lista é potencialmente infinita.

Existem inúmeros estudos, uns mais e outros menos sérios, que tentam explicar as causas da pobreza. A questão de ser "mais sério" ou "menos sério" está, em grande parte, ligada às motivações e ao viés ideológico de quem está fazendo o estudo. Há muitos interesses envolvidos na questão da pobreza (a pobreza, entre outras coisas, facilita a dominação e o controle por parte de grupos mais poderosos), e muitos acabam distorcendo os dados para tentar impulsionar suas próprias agendas.

Por causa da complexidade e dos fatores envolvidos, seria muita pretensão de minha parte – e da parte de qualquer outra pessoa – tentar explicar a pobreza. Pelo menos no nível macro e coletivo, vou deixar essas explicações para os economistas e pesquisadores que, estudando o assunto há muito tempo, já identificaram várias possíveis causas, sem, entretanto, conseguir chegar a conclusões muito claras sobre soluções.

DEFININDO "POBREZA"

Assim como existem muitas causas para a pobreza, também existem muitas definições. Nunca é demais ressaltar que este é um livro sobre finanças pessoais, e não um tratado sobre grandes temas socioeconômicos.

Num contexto de finanças pessoais, o "empobrecimento" é aquilo que acontece quando tudo dá errado. Em grande parte está associado ao endividamento que, por sua vez, é predecessor da ruína financeira.

Na nossa sociedade, temos o hábito de, muitas vezes, associar pobreza a um estilo de vida, e não a uma realidade financeira. Pessoas pobres são, no senso comum, as que moram, se alimentata, se vestem e se deslocam de uma determinada forma. Pessoas pobres são associadas com "gente feia". Não olhamos muito para a realidade financeira dessas pessoas, ou seja, para quanto dinheiro elas, de fato, têm. Olhamos para o como elas vivem.

Curiosamente, temos o mesmo hábito com relação à riqueza. Associamos esse termo a um estilo de vida. Dizemos que aquele cara que anda de Ferrari e frequenta restaurantes caros é rico, ainda que ele não tenha um tostão furado no bolso e esteja devendo até as cuecas. Gente rica é "gente bonita". Contudo às vezes a gente pode se surpreender e descobrir que um cara que vive na favela (ops... agora é "comunidade") é mais rico que aquele que anda de Ferrari.

Veja, a ideia aqui não é fazer crítica social, mas simplesmente quantificar as coisas. Ser pobre significa não ter dinheiro nem patrimônio (ou, pior, ter um patrimônio negativo – por causa de dívidas). Ser rico significa, de forma análoga, ter dinheiro e patrimônio.

É simples assim... Então, se você tiver dívidas e se a sua vida financeira estiver fora de controle, você irá para uma situação de pobreza (e isso se já não estiver nela).

O fato de sua bolsa ter sido comprada em Paris ou dos parafusos da tampa do cabeçote do seu carro terem sido apertados por um engenheiro italiano, ao som de "Nessun dorma", não faz de você uma pessoa rica. Pessoas ricas são pessoas que têm dinheiro. Se você tem os objetos e o estilo de vida de uma pessoa rica, mas não tem dinheiro, você não passa de um pobre enfeitado; um alienígena, um "estranho no ninho", alguém vivendo num mundo que não é o seu – fora de sua realidade.

Se você não tem dinheiro nem patrimônio ou, pior que isso, tiver patrimônio negativo (ou seja, você deve mais do que tem), você é POBRE. P – O – B – R – E. Sacou?

Pobreza é, ao menos num contexto de finanças pessoais, um estado financeiro, e não um estilo de vida.

Vamos, enfim, dar uma olhada nos 4 fatores que fazem com que uma pessoa fique pobre. São eles:

1) Nascer pobre (e não fazer nada a respeito).
2) Renda insuficiente (ou inexistente).
3) Padrão de consumo incompatível com o nível de renda.
4) Gerenciamento de riscos deficiente.

NASCER POBRE
(E NÃO FAZER NADA A RESPEITO)

A primeira causa da pobreza é um tanto óbvia. Algumas pessoas são pobres porque nascem pobres.

Como já sabemos, o mundo não é um lugar justo, e não há nenhuma indicação clara de que, algum dia, virá a ser. Nós não escolhemos como, quando e onde nascemos (pelo menos eu não me lembro de ter escolhido...), e construir riqueza é algo que demanda trabalho e esforço.

Nascer é uma loteria. A maioria das pessoas nasce em condições bastante precárias, e muitos nascem em estado de miséria absoluta. Outros mais sortudos nascem em condições favoráveis, em que as gerações anteriores já fizeram o trabalho duro de acumular alguma riqueza, com isso propiciando uma série de vantagens.

Porém, uma vez que a gente nasce, não temos mais a chance de voltar para o útero de nossa mãe e dizer "daqui não saio e daqui ninguém me tira". Não adianta protestar, não adianta querer "nascer de novo". Agora já era... O jogo começou e vamos ter que nos virar com aquilo que tivermos.

E aqui voltamos ao nosso já conhecido embate entre a culpa e a responsabilidade. Uma pessoa não tem culpa por nascer na pobreza – ela não escolheu isso, e acredito que poucas pessoas optariam por nascer pobres se tivessem a oportunidade de escolher. Porém, as pessoas têm a responsabilidade de saírem da pobreza, e aqui deixando bem claro que é "responsabilidade" no sentido de que, se elas próprias não fizerem isso, ninguém vai fazer – ou você ainda acredita que o governo vai salvá-lo?

Ainda sobre a "injustiça" do mundo, as pessoas que nascem numa situação mais favorável têm mais vantagens e um acesso melhor às oportunidades. Pessoas financeiramente "arrumadas" têm acesso a nutrição e saúde de qualidade num momento crucial de formação das capacidades físicas e cognitivas, têm acesso a educação e estarão muito melhor preparadas para vencer profissionalmente.

Porém isso não significa que as oportunidades NÃO EXISTAM para as pessoas que nascem pobres. Elas são, sem dúvida, menos acessíveis e mais desafiadoras, mas assumindo que a gente viva em uma sociedade com um mínimo de liberdade econômica e com alguma mobilidade social – onde as pessoas não vivam num regime de escravidão, servidão ou em castas –, é possível a qualquer um evoluir para uma situação melhor do que aquela em que nasceu. E a maior prova disso é a existência de pessoas nascidas em circunstâncias muito desfavoráveis e que hoje estão, objetivamente falando, muito melhor do que quando nasceram. Algumas, inclusive, estão em situação de riqueza verdadeira. Então, o argumento de que é impossível melhorar de vida é, simplesmente, falso – as evidências demonstram isso.

A partir do momento em que o cordão umbilical for cortado, o que determina seu caminho são as suas escolhas. As escolhas podem ser mais ou menos conscientes, conforme o caso. E, no início de nossa vida, acabamos sendo muito mais sujeitos às escolhas de nossas famílias do que às nossas próprias. A partir de algum momento, no entanto, começamos a ganhar autonomia e a fazer nossas próprias escolhas.

O ponto aqui é que, não importa o quão ruim seja a situação, sempre temos a escolha de fazer algo. Cabe a nós, individualmente, definir quais são as escolhas e tentar avaliar quais são as possíveis consequências.

Por exemplo, procurar aprender sobre determinado assunto (que pode virar uma habilidade profissional) é uma escolha e tem consequências. Ficar assistindo a novelas e a jogos de futebol é uma escolha e tem consequências. Utilizar substâncias que fazem mal ao seu corpo (e que podem, potencialmente, o colocar na cadeia) é uma escolha e tem consequências. Fazer sexo desprotegido com seu primeiro parceiro é uma escolha e tem consequências.

Insisto: as pessoas não são culpadas por essas escolhas. Às vezes, até pelo próprio momento de vida – infância e juventude, por exemplo –, a pessoa ainda não tem o aparato cognitivo para fazer suas escolhas de forma consciente e racional, mas ainda assim são escolhas que geram consequências.

A boa notícia é que as escolhas são feitas no momento presente. Então não importa as escolhas erradas que você tenha feito no passado, e também não importa o tamanho da merda em que você esteja no momento, sempre há a possibilidade de fazer escolhas melhores a partir de agora. E se você acha que não tem condições de fazer escolhas – que sempre erra, que tem o "dedo podre" –, saiba que "tomada de decisões" é algo que se pode aprender. É um conjunto de técnicas. Daqui em diante você pode aprender a, antes de fazer uma escolha, reunir as informações necessárias, traçar os cenários, definir as opções possíveis e avaliar custos, riscos e oportunidades. Acredite, não é nenhuma ciência oculta (apesar de algumas pessoas tomarem boas decisões de forma totalmente intuitiva). Novamente: fazer boas escolhas é algo que pode ser aprendido, e a construção da riqueza é algo que é feito "daqui para a frente". O que passou, passou… e não dá para nascer de novo!

RENDA INSUFICIENTE (OU INEXISTENTE)

O segundo fator que leva (ou mantém) a pessoa a uma situação de pobreza é a renda insuficiente ou inexistente.

A renda é, pura e simplesmente, o dinheiro que entra. Ela é a energia vital das finanças. Se formos comparar as finanças pessoais com um organismo vivo, a renda é a nutrição. Um organismo subnutrido enfraquece e tende a morrer. Se você não tem renda, você caminha para a morte financeira – uma situação de falência pessoal.

Uma coisa que é particularmente complicada no mundo das finanças pessoais e da educação financeira é um viés implícito: boa parte dos livros e cursos que ensinam as pessoas a lidarem melhor com o próprio dinheiro inicia do princípio de que elas têm uma fonte de renda regular, por exemplo, um emprego que paga um salário.

Quando se tem uma fonte de renda regular, é fácil falar em planejamento financeiro e propor medidas para reequilibrar as finanças por meio de cortes de gastos. Mas cortar gastos numa situação de ausência de renda é, no máximo, um paliativo: apenas vai fazer com que a pessoa quebre mais lentamente se não conseguir uma outra fonte de renda.

Não que cortar gastos não seja algo importante – pelo contrário, em algumas situações pode fazer toda a diferença –, mas é preciso estabelecer (ou restabelecer) fontes de renda para que a vida flua.

A importância de cortar gastos é dar fôlego para que a pessoa se coloque em pé novamente, mas não dá para cortar gastos *ad infinitum*. Uma hora o dinheiro vai acabar…

Muitas pessoas estão numa situação de endividamento (e de pobreza) por terem perdido sua fonte de renda. A perda da fonte de renda é uma situação que sempre se espera ser temporária, e que o fluxo de dinheiro seja rapidamente restabelecido. É o que acontece, por exemplo, quando se perde o emprego.

Outras pessoas estão numa situação de endividamento (e, novamente, de pobreza) não por não terem renda, mas por terem uma renda insuficiente ou, pelo menos, insuficiente para o padrão de vida que estão levando.

A primeira situação (perda da fonte de renda) é daquelas situações sobre as quais nosso controle é limitado. Simplesmente acontece. Você tem um emprego, tudo está bem, seu chefe gosta de você. Aí, no dia seguinte, você vai para o trabalho e seu crachá não abre mais a catraca da empresa, e você percebe que tem uma caixa com os seus objetos na recepção. Pronto: "a casa caiu" e seu emprego já era…

Já sobre a segunda situação nós temos algum controle. Viver acima das suas possibilidades é um estilo de vida e, bem... É uma escolha! E o argumento de que "não dá para viver com o que eu ganho" raramente é um argumento verdadeiro. Para cada pessoa que já me disse que "não conseguia viver" com aquilo que ganhava, eu conheci umas 3 ou 4 que ganhavam menos, tinham compromissos familiares maiores e, de alguma forma, conseguiam levar a vida (ainda que num padrão longe do desejado).

Se você não consegue ter o padrão de vida que gostaria com seu atual nível de renda, saiba que é SUA responsabilidade tomar as medidas para aumentar sua renda e poder, enfim, bancar o estilo de vida que você merece, ou acha que merece.

Aqui a questão é puramente matemática: dinheiro entra – dinheiro sai. Se sai mais do que entra, vai faltar, e se faltar o resultado é endividamento e empobrecimento.

PADRÃO DE CONSUMO INCOMPATÍVEL COM O NÍVEL DE RENDA

Aqui é praticamente um corolário daquilo que vimos no fator anterior. Talvez você até tenha uma renda alta, mas insiste em querer subverter as leis da matemática gastando mais do que ganha e achando que, de alguma forma, vai sobrar dinheiro.

Novamente (para não esquecer): dinheiro entra – dinheiro sai. Se sai mais do que entra, vai faltar; se sai menos do que entra, vai sobrar. Não é tão difícil entender!

No Brasil, nós pudemos presenciar um fenômeno interessante no período que foi do começo da primeira década do século XXI até, aproximadamente, o começo da segunda década. Nesse período a economia brasileira viveu numa situação de, praticamente, pleno emprego. Tivemos um índice de desemprego particularmente baixo para os padrões brasileiros, e as empresas reclamavam da dificuldade em obter e reter mão de obra. Para os empregados, era uma situação dos sonhos – o poder de negociação estava do lado deles e muita gente conseguia trocar de emprego na hora que quisesse.

No momento em que eu escrevo estas palavras, essa situação de pleno emprego já deixou de existir, e hoje não passa de uma lembrança. Pior ainda, o desemprego (que é, historicamente, um dos grandes medos do brasileiro) voltou e está mais presente do que nunca.

Porém, o interessante de notar é que, naquela época de pleno emprego, nós também presenciamos um acelerado endividamento da população brasileira, que foi a níveis bastante altos para os nossos padrões históricos.

Isso apenas mostra que, muitas vezes, o endividamento não está associado à renda. As pessoas estavam trabalhando, estavam ganhando, a demanda pendia para o lado dos empregados e o salário estava aumentando... Mas ainda assim as pessoas se endividavam mais e mais.

Naquela época, tínhamos – e de certa forma, ainda temos – poucas pesquisas abrangentes que mostravam a composição e as origens do endividamento da população. Mas as que surgiam chamavam atenção ao mostrar que grande parte desse alto endividamento era originária de gastos que poderiam ser facilmente classificados como "supérfluos" ou "não essenciais". Grande parte dessa dívida estava associada à compra financiada de bens duráveis de alto valor (como automóveis, eletrodomésticos e aparelhos eletrônicos) e viagens.

Foi uma época reveladora, pois mostrou uma face do brasileiro que, até então, não era tão visível. Um brasileiro que se revelou um consumidor deslumbrado, imaturo e que pagava qualquer preço por qualquer coisa – desde que a parcela coubesse no orçamento. Naturalmente, nem tudo era perfeito e algumas pessoas enfrentaram crises reais naquele período. Entretanto, de forma geral, argumentar naquela época que as pessoas estavam se endividando por necessidade era demonstrar desconhecimento da realidade ou, então, total desonestidade intelectual.

Já não estamos mais na mesma fase de bonança, e a parcela relativa das pessoas endividadas por perda de renda ou problemas mais sérios aumentou. Ainda assim, muitas pessoas seguem endividadas – e, consequentemente, rumo ao empobrecimento – por causa de um estilo de vida economicamente insustentável, com um padrão de consumo disfuncional, inadequado e acima da capacidade de geração de renda.

Dinheiro entra – dinheiro sai. Se sai mais do que entra, vai faltar; se sai menos do que entra, vai sobrar...

GERENCIAMENTO DE RISCOS DEFICIENTE

"Risco" é sinônimo de "incerteza", e incertezas podem ser negativas ou positivas. Ganhar na loteria, por exemplo, pode ser considerado uma incerteza (muito) positiva. Porém, por convenção e pelo uso corriqueiro da linguagem, acabamos usando o termo "risco" para definir apenas as incertezas de consequências negativas.

O que vou chamar de "riscos", nesse contexto, são eventos inesperados que causam uma ruptura no fluxo financeiro de uma pessoa além daqueles eventos de natureza profissional, como a perda de emprego. São eventos como acidentes e doenças que impeçam, de forma direta ou indireta, que a pessoa consiga trabalhar e obter renda.

No Brasil, temos acesso ao sistema público de saúde, que é universal. Porém, não é novidade para ninguém que esse sistema público é bastante limitado. Salvo pela existência de algumas ilhas de excelência, a saúde provida pelo Estado é bastante precária. No papel, nosso sistema de saúde pública é maravilhoso, e nós, brasileiros, temos amplo direito ao amparo desse sistema. Na prática, na maioria das vezes a gente fica na mão, e muitas pessoas – especialmente aquelas de classe média para cima – acabam descartando completamente o sistema público de sua vida. Recorrem à medicina privada, que tem custos (e não são baixos).

A situação que vou descrever agora é hipotética, mas eventos parecidos aconteceram e acontecem em muitos lares. Em uma determinada família, uma pessoa sofreu um acidente ou ficou gravemente doente. Por causa disso, essa pessoa se tornou dependente de cuidados de terceiros em regime mais ou menos permanente. Parte desses cuidados podem ser providos pelo sistema público de saúde ou por um plano de saúde privado, mas sempre têm coisas que acabam ficando de fora dessas coberturas e representam um grande custo. Às vezes, em razão das circunstâncias, a pessoa precisa de cuidados profissionais, como um cuidador ou enfermeiro em tempo integral, e os custos podem facilmente escapar a qualquer tipo de controle.

Nesse momento, algum membro da família faz uma conta simples e constata que os gastos com cuidados de saúde são maiores do que a sua renda profissional. Aí a pessoa toma a decisão (razoável) de abandonar a atividade profissional para cuidar daquele parente enfermo.

Com isso, a família perdeu uma parte da renda e, pior que isso, aquele membro da família que parou de trabalhar comprometeu a renda futura, pois sempre devemos presumir que a renda profissional não é estática – e tende a crescer com o tempo, como resultado da evolução profissional da pessoa.

Porém, essa evolução foi interrompida. Não se sabe quando – e se – essa pessoa voltará ao mercado de trabalho. Nem em que condições. O bonde da evolução profissional e financeira pode ter sido perdido de forma irreversível.

Esse é um tipo de situação que gera um problema presente e um problema futuro, e a gestão desse risco não é exatamente fácil. Uma família pode fazer planos ou seguros de saúde privados, além de constituir reservas financeiras para essas situações, mas esses mecanismos têm seus limites. Os custos em situações assim podem crescer rumo ao infinito, fazendo com que mesmo uma família razoavelmente bem preparada enfrente uma situação de deterioração financeira difícil de consertar.

O que vimos até aqui são 4 fatores empobrecedores que afetam indivíduos e famílias. E você já deve ter percebido, nesse momento, que o endividamento não é um problema, e sim uma consequência.

Salvo em raras situações, as pessoas se endividam porque não têm dinheiro. O endividamento é a consequência da falta de dinheiro. E "não ter dinheiro" pode significar duas coisas:

a) Que a pessoa é, tecnicamente, pobre (tem patrimônio muito pequeno, nulo ou mesmo negativo) ou caminha rumo ao empobrecimento.

b) Que a pessoa tem problemas de liquidez (tem patrimônio, mas esse patrimônio, por alguma razão, não pode ser utilizado naquele momento).

A situação "b" é, em grande parte das vezes, equacionável com um planejamento financeiro e de investimentos adequado.

Já a situação "a" é uma situação realmente crítica. É preciso identificar o que está causando essa situação – muito provavelmente é um dos 4 fatores apresentados neste capítulo – necessário tomar medidas para tirar a vida desse caminho de deterioração financeira.

O endividamento não é o problema verdadeiro – ele não é a doença, mas o sintoma. Tentar resolver o endividamento é resolver o problema errado.

CAPÍTULO 3

AS MENTIRAS QUE CONTAMOS PARA NÓS MESMOS

Nossa mente tem um poder imenso para nos enganar. Ela é uma máquina incrível, com uma capacidade computacional ainda não igualada por qualquer coisa criada pelo homem. O outro lado da moeda é que nossa mente também tem um poder inimaginável para distorcer a realidade.

Entre os mecanismos comuns de distorção da realidade que nossa mente dispõe, estão a negação (se recusar a reconhecer um evento ou situação) e a racionalização (usar argumentos mais ou menos lógicos para explicar, de forma pretensamente racional, alguma bobagem que fizemos ou acreditamos).

Esses mecanismos de distorção da realidade fazem parte daquela caixinha de ferramentas que profissionais de psicologia, especialmente aqueles de orientação mais psicanalítica, chamam de "mecanismos de defesa".

Na gestão das nossas finanças pessoais, e também na vida como um todo, contamos uma série de mentiras para nós mesmos. Conforme o caso, fazemos isso de forma mais ou menos consciente, para tentar justificar nossos atos e nossa situação financeira.

A lista de mentiras que as pessoas contam para si próprias é potencialmente infinita, mas podemos dizer que elas se enquadram em 2 grandes grupos:

a) As mentiras de "negação", em que negamos uma realidade objetiva ao tentar nos convencer de que algo que aconteceu não aconteceu, ou de que uma coisa impossível é possível, e vice-versa.

b) As mentiras de "resignação", com as quais tentamos nos convencer de que determinada situação é estática e imutável. Com isso, qualquer esforço para tentar mudar aquela situação é futilidade e perda de tempo. É um tipo de mentira que dá suporte à nossa inércia e inação.

Neste capítulo vamos ver algumas das mentiras mais comuns que as pessoas contam a si mesmas.

"O DINHEIRO É A RAIZ DE TODO O MAL"

Na minha experiência, existem 2 tipos de pessoas que fazem esse tipo de julgamento com relação ao dinheiro. Há aquelas que NUNCA precisaram de dinheiro, pois nasceram em famílias ricas – geralmente são jovens sonhadores, idealistas e iludidos que se sentem oprimidos pelas heranças que vão ganhar. E há pessoas tão cronicamente fracassadas do ponto de vista financeiro que simplesmente desistiram de ir atrás de dinheiro, e hoje se limitam a julgar o comportamento daqueles que têm sucesso financeiro e a fazer comentários do tipo "eles podem ter dinheiro, mas eu sou muito mais feliz" – e fazer uma observação amarga ressaltando a própria "felicidade" é a ironia suprema...

O dinheiro é uma construção humana – uma ferramenta. Ele não é inerentemente bom ou ruim, da mesma forma que uma faca não é inerentemente boa ou ruim. A faca não sai andando sozinha ou flutuando e esfaqueia alguém do nada. O que existe são pessoas boas e pessoas ruins – são elas que decidem o que fazer com o dinheiro (ou com uma faca).

"O DINHEIRO NÃO TRAZ FELICIDADE"

Essa é uma variação da mentira anterior. É uma mentira que faz a pessoa se sentir confortável, pois ela está dizendo a si própria algo como "eu não consigo ganhar dinheiro, mas talvez eu consiga ser feliz mesmo assim".

Aqui cabe a mesma observação: o dinheiro é uma ferramenta. Ele não tem, ao menos de forma direta, nenhuma relação com felicidade ou infelicidade. Felicidade é um estado interno, uma experiência que acontece dentro de nossa mente.

Porém, a ciência tem uma visão diferente sobre essa relação entre dinheiro e felicidade. A quase totalidade dos estudos científicos que associam dinheiro com felicidade trazem evidências de que, SIM, o dinheiro traz felicidade. Aliás, a mais famosa dessas pesquisas foi feita em 2010, na Universidade de Princeton (EUA), e foi conduzida por Daniel Kahneman, psicólogo americano de origem israelense e ganhador do Nobel de economia de 2002.

Essa pesquisa demonstra que o dinheiro traz felicidade; porém, a partir de certa quantia, o valor ganho deixa de ter efeitos sobre a felicidade. Mas abaixo dessa quantia (no caso dessa pesquisa, uma renda anual de 75 mil dólares), as pessoas ficam infelizes.

Isso pode indicar, como algumas pessoas mais sensatas observam, que talvez o dinheiro não traga a felicidade, mas é muito difícil ser feliz sem ter dinheiro. Ou, como dizem outros, o dinheiro pode até não trazer felicidade, mas é melhor chorar tomando champanhe na classe executiva da Air France, rumo aos alpes franceses, do que pendurado no "busão" depois de mais um dia de trabalho...

"O DINHEIRO É UMA ENERGIA E DEVE FLUIR"

Eu já ouvi essa bobagem inúmeras vezes ao longo de minha vida, especialmente vinda de pessoas que têm uma inclinação ao misticismo e ao esoterismo.

O dinheiro é uma construção humana e uma ferramenta (se você ainda não se convenceu, por favor, repita esta frase 10 vezes em voz alta). O dinheiro NÃO é uma "energia", nem aqui e nem em lugar nenhum.

E quanto à questão do "dinheiro deve fluir", eu concordo com ela a partir de uma visão econômica, e não mística. O dinheiro que não vai ser gasto deve ser investido (em ações, títulos ou em qualquer outro investimento de sua preferência). Investir significa fazer o dinheiro "fluir", pois as empresas e bancos onde você investe seu dinheiro supostamente vão usar esse dinheiro para fazer coisas que gerarão progresso e valor econômico, como fabricar produtos e financiar fábricas.

O dinheiro não deve ficar parado (e nem guardado debaixo do colchão), pois ele se degrada – ele perde valor ao longo do tempo. E essa degradação ocorre por causa de um fenômeno econômico chamado de "inflação", que não tem NADA de místico ou esotérico...

Porém, quando se fala para a maioria dos defensores da ideia de "dinheiro como energia" que investir é uma forma de fazê-lo "fluir", a reação costuma ser uma cara de incredulidade e desdém, na linha "não é o que eu tinha em mente". Na maioria das vezes, as pessoas que falam esse tipo de baboseira estão querendo arrumar uma justificativa meio metafísica para torrar dinheiro em algo que seja do desejo delas e se sentir menos culpadas. A verdade é uma só: quer gastar? Gaste! Vai fundo e seja feliz! Mas não fique contando historinhas pseudoespirituais para si mesmo, tentando se convencer de que fez a coisa certa.

Pior que isso é usar o argumento "dinheiro é energia e deve fluir" para tentar convencer OUTRAS pessoas a gastarem o dinheiro que, às vezes, elas nem podem se dar ao luxo de dispender. É o caso de um vendedor que vem com a conversa de "fazer o dinheiro fluir" – sugerindo subliminarmente que não gastar significa conspirar contra algo como a ordem natural do universo. Para mim, esse é o tipo de coisa que deveria dar prisão perpétua...

"O IMPORTANTE É VIVER O HOJE"

A expectativa de vida média dos brasileiros é aproximadamente 75 anos.

Isso significa que você tem, em média, 27 mil dias de vida. Ainda que já tenha vivido bastante, há boas chances de você ainda ter algumas centenas ou milhares de dias pela frente. A gente vive dezenas de milhares de dias, mas morre um dia só.

Óbvio que muitas coisas podem acontecer. Não sei qual a realidade de quem está lendo este livro. Talvez você esteja agora num leito hospitalar, aproveitando seus últimos minutos de vida lendo meu livro (que honra!). Ou pode ser que daqui a pouco você saia para comprar pão e um caminhão desgovernado passe por cima de você. Mas, se nada disso acontecer, há uma grande possibilidade de você acordar amanhã de manhã e constatar, talvez com alguma surpresa, que você NÃO morreu. E a vida segue...

A ideia de "viver o hoje" é bonita, romântica e traz a imagem de uma vida vivida com intensidade – *carpe diem*! Vamos viver intensamente, como se não houvesse amanhã!

O problema é que, exceto pelas situações hipotéticas que eu descrevi, haverá um amanhã. Pior que isso, quando o "amanhã" chegar, ele será "hoje", e você estará sem dinheiro, sem recursos, sem nada... Porque o "hoje" de "ontem" agora já passou.

"Viver o hoje" é algo que se baseia numa premissa frágil – afinal, do ponto de vista probabilístico, há maiores chances de estarmos vivos amanhã. Assim como no caso do "dinheiro que deve fluir", o "viver o hoje" é, na maioria dos casos, uma justificativa para torrarmos um dinheiro que poderemos precisar amanhã em algo que queremos fazer agora – ou seja, um modo de contar uma historinha para aliviar o nosso sentimento de culpa.

"NÃO TENHO TEMPO PARA CUIDAR DAS MINHAS FINANÇAS"

Há muito tempo, ouvi isso de um profissional de saúde mental: o argumento da "falta de tempo" é, em 90% das vezes, falso. Quando as pessoas realmente querem algo, elas dão um jeito e arrumam tempo.

Não estou certo quanto à essa porcentagem, mas, de forma geral, ao longo da minha vida eu pude confirmar algo próximo a isso observando as outras pessoas e a mim mesmo.

Cuidar das finanças significa cuidar do dinheiro (óbvio!). O dinheiro não tem valor intrínseco – o valor dele está naquilo que ele representa. E o dinheiro representa, entre outras coisas, liberdade, opções, acesso à saúde de qualidade, ao lazer, ao conforto e tranquilidade para uma pessoa e sua família.

Vendo por esse prisma, o dinheiro é uma das coisas mais importantes que a pessoa pode ter, e fica difícil entender com que tantas outras coisas a pessoa se preocupa, a ponto de não sobrar tempo para cuidar de algo tão relevante.

Hoje, baseado em minha experiência profissional como consultor e educador financeiro, eu tenho ABSOLUTA CONVICÇÃO de que o argumento "não tenho tempo de cuidar das finanças" é, em mais de 90% das vezes, um disfarce para o pensamento: "esse assunto é muito chato e não estou a fim de ver isso".

"TEREI TEMPO PARA POUPAR DINHEIRO NO FUTURO"

Enquanto alguns mentem para si próprios dizendo que não têm tempo, outros mentem dizendo que têm "todo o tempo do mundo".

Aqui temos uma mistura de mentira, desconhecimento e falha de raciocínio. Pessoas que não têm a mínima noção de progressões exponenciais (os famosos "juros compostos") acabam não considerando o poder do tempo no crescimento do patrimônio (e também das dívidas).

Qualquer pessoa com conhecimentos rudimentares de matemática financeira – e que se dê ao trabalho de exercer esse dote pelo menos de vez em quando – sabe, ao menos de forma intuitiva, que quanto mais rapidamente se começa a poupar e investir dinheiro, mais rapidamente se chega naquele momento da "aceleração exponencial", quando o patrimônio cresce com mais vigor.

De forma análoga, quem começa mais tarde, ainda que esteja colocando mais dinheiro para tentar "compensar", acaba não conseguindo um crescimento tão grande.

"NÃO GANHO O SUFICIENTE PARA POUPAR"

Se você conta essa mentira para si mesmo, então "pelamordedeus", aprenda de uma vez por todas: o dinheiro que sobra não depende do quanto você GANHA, e sim do quanto você GASTA!

Se não está sobrando dinheiro, então você está vivendo de forma incompatível com seu nível de renda. Se você quer ter um padrão mais alto do que o seu padrão de renda permite, só tem duas formas de resolver isso: aumentando sua renda ou se endividando. Uma dessas duas formas (e eu espero não precisar dizer qual é) é insustentável e vai levá-lo para o buraco, mais cedo ou mais tarde.

"NÃO SEI PARA ONDE O DINHEIRO VAI"

Não saber para onde o dinheiro vai pode não ser uma mentira (às vezes a pessoa não sabe mesmo). A mentira acontece quando a pessoa trata esse fenômeno como se fosse algo sobrenatural – como se o dinheiro simplesmente se desmaterializasse.

Muitas coisas em finanças não são exatas, mas o controle financeiro é. Novamente: o dinheiro entra e o dinheiro sai. Se não está sobrando, é porque você está gastando mais do que recebe.

E se você não sabe para onde o dinheiro vai, é porque você não tem controle e não sabe em que está gastando. Mas certamente ESTÁ gastando, pois o dinheiro não está saindo do seu bolso (ou de sua conta bancária) por vontade própria...

"EU MEREÇO"

Você merece tudo. Você merece morar numa cobertura em Mônaco, merece ter um Rolls-Royce na garagem e merece tomar banho todo dia numa banheira de hidromassagem cheia de água Evian. Só tem um probleminha: essas coisas custam...

Então, é bem simples: se você tem dinheiro, você realmente merece. Se você tem o dinheiro e ele foi fruto do seu próprio trabalho, você merece AINDA MAIS. Agora, se você não tem dinheiro, você NÃO merece – não importa o que você, sua mãe, seus amigos, os livros de autoajuda ou as propagandas de televisão digam.

Se você insistir na conversa do "merecimento" sem ter o dinheiro antes, você vai cometer o erro que muitas pessoas cometem e vai gastar aquilo que não tem (ou não pode gastar). O cemitério dos endividados está cheio de gente que "merece".

"É UMA DÍVIDA BOA"

No próximo capítulo, veremos de forma aprofundada que, salvo em raríssimas circunstâncias, não existe "dívida boa" para pessoas físicas. Então nem vou explorar muito essa questão aqui.

"DÍVIDAS CADUCAM"

Sim, é verdade que dívidas caducam. Porém, muitas pessoas não têm um entendimento muito correto do que é esse "caducar".

Pela lei brasileira, após determinado prazo, as dívidas não podem mais ser cobradas (é a "prescrição"). Os prazos de prescrição variam conforme a dívida, mas a maioria das dívidas bancárias tem prazo de cinco anos.

Porém, uma dívida prescrever (ou "caducar") não significa que ela deixa de existir – ela apenas não pode ser cobrada. Muitas pessoas deixam as dívidas prescreverem (isso quando não são acionadas judicialmente antes do prazo) e acham que, depois desse período de restrições de crédito, vão ficar novinhas em folha, sendo recebidas de braços abertos por todas as instituições financeiras.

Essa é a expectativa. A realidade é que aquelas instituições onde a pessoa deixou dívidas não disponibilizam mais crédito, a não ser que a pessoa pague o que deve (e aí não tem mais dessa de "cinco anos"). E surge a frustração: "Como eu não consigo dinheiro emprestado se as dívidas caducaram?".

Pois é, ninguém pode mais cobrar você e nem colocar seu nome nos cadastros de maus pagadores. Mas para daí dizer que sua dívida deixou de existir tem uma distância bem grande...

"NUNCA TEREI LIBERDADE FINANCEIRA"

Para finalizar essa lista de mentiras, coloquei aquela que é, talvez, o melhor exemplo de mentira de "resignação".

Aqui, a pessoa não está tentando ir contra a realidade objetiva (negação), mas está enganando a si própria, dizendo que é impossível (ou que não vale a pena nem tentar) resolver uma situação. A pessoa simplesmente se conforma e aceita um destino ruim, apoiada na crença de que a situação não tem mais jeito.

Ao longo deste capítulo, eu insisti na tese de que o dinheiro é uma criação humana. E nada que seja derivado de uma construção humana "não tem solução". Problemas da natureza (como a morte, algumas doenças e catástrofes naturais) podem não ter solução, mas qualquer problema humano tem solução (ainda que seja uma solução difícil e dolorosa).

Muitas pessoas que hoje são ricas e financeiramente livres já enfrentaram situações desafiadoras, às vezes de endividamento extremo e quebra pessoal.

Na maioria das economias modernas, as pessoas têm liberdade de movimentação econômica – atenção: ter liberdade não é sinônimo de ter facilidade –, e pelo menos aqui no Brasil não se vai para a cadeia por causa de dívidas (a exceção são as dívidas de obrigações alimentícias).

Então, qualquer pessoa (ressaltando – QUALQUER pessoa) pode, com tempo, estudo, esforço e planejamento, progredir financeiramente e, eventualmente, até mesmo conquistar a tão sonhada liberdade financeira.

CAPÍTULO 4

MITOS E VERDADES SOBRE O ENDIVIDAMENTO

Nós podemos começar este capítulo falando a respeito daquele que é, de longe, o maior mito sobre o endividamento: a crença de que ele é um "problema".

Dívidas não são um problema – são uma consequência, um resultado. A dívida está para o verdadeiro problema assim como um sintoma está para uma doença. A dor de barriga não é o problema, mas o sintoma.

No caso de indivíduos, já sabemos que a grande parte dos casos de endividamento é uma consequência da falta de dinheiro, e a falta de dinheiro está associada, como já foi falado anteriormente, à falta de liquidez (quando a pessoa tem patrimônio, mas não tem o dinheiro "na mão" – neste caso temos um problema de planejamento financeiro) ou àqueles 4 fatores que são os causadores de pobreza (esses sim problemas de verdade, "doenças" que levam ao "sintoma" do endividamento).

Mesmo no caso de entes "não individuais", como empresas e países, o endividamento também é uma consequência, e não a causa. Empresas podem ter dívidas por problemas de gestão, de mercado ou mesmo como parte de sua estratégia. Países têm dívidas, da mesma forma, por problemas de gestão ou por alguma estratégia (muito mais por problemas de gestão do que por estratégia...).

ALAVANCAGEM E O
MITO DA "DÍVIDA BOA"

Finanças pessoais e finanças empresariais (ou "corporativas") são duas coisas, aparentemente, muito diferentes. Porém, essa diferença está, fundamentalmente, na forma – no palavreado, nos jargões. Do ponto de vista conceitual, as duas são "finanças"; ou seja, dizem respeito a "dinheiro entrando" e "dinheiro saindo", nada além disso.

Existem poucas diferenças reais entre as finanças pessoais e as finanças corporativas, e a maior dessas diferenças é uma coisinha chamada de "alavancagem". Alavancagem é algo comum no mundo das finanças corporativas, mas quase ausente no mundo das finanças pessoais: um nome pomposo para "ganhar dinheiro com o dinheiro dos outros". É o que acontece quando uma empresa pega dinheiro emprestado, compra matéria-prima ou produtos acabados para vender, vende os produtos, paga o empréstimo, os juros e ainda fica com lucro.

Empresas fazem isso habitualmente, como uma forma de "potencializar" os lucros. Afinal, por que lucrar "X" com seu capital próprio se ela pode lucrar "X mais alguma coisa" colocando capital de terceiros (empréstimos e financiamentos) na conta?

Numa empresa, pressupõe-se que a atividade que ela exerce dê um retorno maior do que o custo do dinheiro emprestado (do contrário, é melhor o empresário fechar a empresa e virar banqueiro – ou agiota). Assim, usa-se o dinheiro emprestado para fazer mais vendas e obter mais lucro. O empresário ou acionista acaba, com isso, tendo um lucro ainda maior do que teria se a empresa usasse apenas seu próprio capital.

Por isso que empresas com dívidas não são, necessariamente, empresas com problemas. Muitas das maiores e mais sólidas empresas do mundo têm um endividamento gigantesco. Porém esse endividamento é usado para gerar ainda mais riqueza e valor.

Naturalmente, a alavancagem pode ter um lado negativo. Os lucros são potencializados, mas, se der prejuízo, as perdas são igualmente potencializadas. Por isso empresas evitam altos níveis de alavancagem.

Pessoas físicas, como regra geral, não fazem alavancagem. São raríssimas as ocasiões em que uma pessoa física consegue fazer alavancagem, tomando dinheiro emprestado e gerando MAIS dinheiro. Pessoas físicas, quando se endividam, o fazem para consumo e para aquisição de bens que, em geral, sofrem depreciação (ou seja, eles PERDEM valor).

Para empresas que usam a alavancagem como parte de sua estratégia de negócios existe "dívida boa". Para uma pessoa física, raramente uma dívida será uma coisa boa.

Alguns argumentam que é possível haver "dívida boa" para pessoas físicas, e frequentemente usam exemplos como o financiamento imobiliário (pois o imóvel pode se valorizar) e o financiamento estudantil (pois a pessoa pode conseguir um excelente emprego após a formação e ganhar muito dinheiro). Porém, não há NENHUMA garantia de que um imóvel vá se valorizar e que a pessoa vá conseguir um bom emprego (ou mesmo um emprego ruim) após concluir um curso. Então, fazer esse tipo de comprometimento (dívida) na crença de que se trata de um bom negócio é uma aposta um tanto arriscada. Pelo conhecimento que têm de seus próprios negócios, empresas que alavancam têm uma segurança maior de que obterão o retorno que esperam. Por isso, para elas, é uma aposta mais segura.

Para uma pessoa física, uma dívida é sempre algo ruim: algo que vai criar uma situação de fragilidade.

QUANDO A DÍVIDA É JUSTIFICÁVEL

Não existem dívidas boas (ao menos para pessoas físicas). Porém, ter dívidas não é nenhum crime. Pessoas endividadas não são inferiores ou imperfeitas e, em algumas situações, as dívidas são justificáveis (mas ser "justificável" não é sinônimo de ser "bom").

Às vezes, por circunstâncias diversas, precisamos nos endividar. O exemplo que eu vou dar agora já aconteceu e acontece em diversas famílias (talvez já tenha acontecido na sua): um dia qualquer, um ente querido vai desta para melhor e deixa uma razoável herança. Porém, a maior parte dessa herança é composta de imóveis.

Quando as pessoas morrem, é preciso fazer o inventário e, logo após o inventário (no prazo de trinta dias), é preciso pagar os impostos de transferência do patrimônio.

Lembra daquela história do "eu sou do governo e estou aqui para o ajudar"? Pois é... Nesse momento de dor e de fragilidade, o governo simplesmente quer que você se f***, bem, deixa pra lá. Você vai ter que pagar o imposto de uma vez só, no "cash" (ou entrar nas condições de parcelamento "supercamaradas" que alguns estados oferecem). O governo não quer nem saber se você não tem dinheiro; se vai ter que queimar alguns daqueles imóveis a preço de banana só para poder satisfazer o apetite financeiro do setor público. É problema seu...

Esse é um caso em que o endividamento é perfeitamente justificável (ainda que não seja bom).

Outro tipo de dívida justificável (e bastante comum) é o financiamento imobiliário. Por causa do enorme aumento dos preços de imóveis nos últimos anos (especialmente nos grandes centros urbanos), tornou-se quase inviável a uma pessoa que já não seja rica adquirir um imóvel sem apelar para alguma forma de financiamento.

Hoje, se a pessoa não é rica ou não herda um imóvel, é quase garantido que vai acabar embarcando num financiamento imobiliário se quiser a tão sonhada casa própria.

Alguns defendem que o financiamento imobiliário é uma dívida "boa", pois o imóvel pode valorizar no futuro. Mas não há nenhuma garantia disso: entramos num cenário de grande incerteza. Definitivamente não é uma dívida boa, mas é, também, um exemplo de dívida justificável. Para muitas pessoas, fazer essa dívida é a única opção.

Enfim, existem dívidas justificáveis, e essas dívidas têm como característica não serem dívidas de consumo. Difícil de justificar é o endividamento com coisas que podem ser consideradas supérfluas, ainda mais num país que tem uma das mais altas taxas de juros do mundo.

CONSIDERAÇÕES SOBRE RENEGOCIAÇÃO DE DÍVIDAS

Quando as pessoas estão endividadas, uma das estratégias é tentar renegociar as dívidas. Renegociar significa definir novos valores (um desconto ou uma taxa de juros mais baixa) ou um prazo maior.

Para quem é credor, raramente renegociar é uma coisa positiva, representando quase sempre algum tipo de perda em relação àquilo que foi originalmente combinado. Dar desconto significa receber menos do que o esperado. Da mesma forma, aumentar o prazo também representa uma perda financeira (afinal, o dinheiro perde, naturalmente, o valor ao longo do tempo – dar mais prazo significa receber, efetivamente, menos do que o combinado no início).

Porém, a lógica do credor é o famoso "dar os anéis para preservar os dedos". Credores não renegociam dívidas por serem bonzinhos e quererem ajudar, e sim porque, às vezes, eles não têm opção: ou facilitam um pouco para o devedor ou correm o risco de acabar não recebendo nada.

Da parte do credor, renegociar uma dívida é um ato de boa vontade. Ao contrário do que muitos imaginam, um credor não é obrigado a renegociar um débito. Assumindo que a dívida seja legal e não tenha condições abusivas, não há nada que possa ser feito caso o credor resolva jogar duro.

O problema da renegociação de dívidas é que, frequentemente, as pessoas se apressam em renegociar e acabam embarcando em um projeto destinado ao fracasso. O devedor quer renegociar rapidamente para se ver livre daquela situação de sufoco, enquanto o credor também tem pressa em renegociar para tentar salvar, ao menos em parte, aquilo que tem a receber. Mas, ainda assim, o devedor exerce grande pressão (o poder maior está com ele), e, por causa disso, muitas vezes essa renegociação resulta em algo que o devedor não conseguirá cumprir.

É sempre importante ter em mente que a renegociação de uma dívida gera uma nova dívida (em condições mais favoráveis, espera-se). Uma renegociação de dívida raramente é um processo fácil – na maioria das vezes é um processo desgastante, que envolve muita diplomacia, muito tato, muita capacidade de argumentação, e coloca a reputação do devedor naquela situação pra lá de complicada...

Apesar disso, muitos devedores renegociam as dívidas... apenas para ficarem inadimplentes de novo! Isso ocorre por dois motivos: o primeiro, já comentado, é a pressa em renegociar e a pressão do credor, que acaba fazendo com que o devedor concorde com a proposta que ele NÃO consegue cumprir. A segunda é que, como já sabemos, o endividamento não é o problema, e sim a consequência. E as causas do problema não foram resolvidas. ANTES de renegociar dívidas, é preciso identificar o que as causou (novamente, aqueles 4 fatores "empobrecedores" podem nos dar pistas importantes) e tomar as medidas para eliminar ou, pelo menos, controlar as causas.

Sem fazer essa lição de casa, a renegociação de dívidas é uma futilidade, um esforço que só vai dar uma aliviada no início, mas vai virar um problema ainda maior no longo prazo.

COMO SAIR DAS DÍVIDAS

Uma boa parte dos livros, cursos e seminários de finanças pessoais explora a ideia de "sair das dívidas". "Como sair das dívidas" é um tema recorrente no mundinho da autoajuda financeira.

Porém, a verdade não tão reveladora é que nós não saímos das dívidas. São as dívidas que saem de nós.

A dívida existe enquanto as condições que propiciam sua existência estão presentes. Quando atacamos as causas do endividamento e adotamos algumas práticas de planejamento financeiro (nessa sequência), a dívida se dissipa até desaparecer.

O endividamento segue um padrão similar a certos comportamentos estudados pela psicologia comportamental: temos um estímulo e uma resposta a esse estímulo. Quando o estímulo é removido, a resposta desaparece gradualmente.

Quando resolvemos a causa do endividamento, o que resta é aquela dívida residual (assume-se que não haverá dívidas novas). Aí, é uma questão de planejamento financeiro: determinar qual é o fluxo financeiro possível para que aquela dívida possa se dissipar – e este é o momento certo de renegociar.

Assim, a dívida sai de você. E, espera-se, de uma vez por todas.

CAPÍTULO 5

É VOCÊ CONTRA O MUNDO...

Quando se trata de finanças pessoais, dizer que "todo mundo está contra você" não é um exagero. Aliás, a realidade é bem pior, pois além de todo mundo estar contra você, VOCÊ também está contra você.

UM POUQUINHO DE HISTÓRIA...

Para que você entenda por que é seu próprio adversário, é preciso entender um pouco da nossa história como espécie.

A razão de grande parte dos nossos problemas está lá atrás, na época do Paleolítico, quando nós, humanos, passamos a ser algo fisiologicamente mais ou menos parecido com aquilo que somos hoje.

Nossos antepassados nasceram em certas condições ambientais, e o processo evolutivo nos moldou conforme aquelas condições. Nós não fomos projetados pela Natureza para andar de carro, viver no ar-condicionado e comer no *fast-food* três vezes por dia. Nós fomos talhados para viver num ambiente hostil, com escassez de recursos, privações e predadores olhando para nós não como pessoas, mas como refeições.

Também fomos feitos para durar pouco. A expectativa de vida média da Humanidade, dos nossos primórdios até pouco tempo atrás – estou falando de alguns séculos – sempre foi muito baixa. Ter uma expectativa de vida média acima de 30 anos é uma coisa recente na nossa história como espécie.

Porém, o processo evolutivo que nos moldou do jeito que somos se revelou extremamente bem-sucedido, tanto que nossa espécie sobreviveu em meio a tantas outras que foram extintas – e mais que sobreviver, nós florescemos. A Humanidade cresceu, se espalhou pelo mundo e, graças à persistência de nossos antepassados que corriam pelas savanas africanas para obter comida (ou para não virar comida de alguém...), viramos essa sociedade moderna e tecnológica onde vivemos hoje.

A realidade atual é muito diferente daquela de nossos antepassados. O mais próximo que fazemos de uma caçada é ir ao supermercado em busca de preços mais baratos. A alimentação em excesso virou um problema maior do que a escassez, e nossos predadores são, em seu grande número, aqueles de nossa própria espécie. A maioria das pessoas do mundo só teve contato com nossos predadores originais no zoológico, de onde olham para nós de forma triste e intimidada, dentro de suas jaulas e fossos.

E nossa expectativa de vida teve um salto sem precedentes: praticamente dobrou no último século, e segue aumentando graças aos avanços tecnológicos, em especial na área de saúde e nutrição.

O CONFLITO ENTRE CURTO PRAZO E LONGO PRAZO

"Longo prazo" é um conceito que não é natural para nós, seres humanos. Durante grande parte de nossa existência como espécie, a ideia de "longo prazo" sequer fazia sentido.

Qual a vantagem de pensar no longo prazo quando se vive, em média, vinte anos?

A vida dos nossos antepassados, na época do Paleolítico, se resumia a tentar sobreviver NAQUELE dia. Chegar vivo ao dia seguinte era um milagre da Natureza. Não faz sentido pensar em longo prazo quando não existe um longo prazo para ser pensado... Para aumentar nossas chances de sobrevivência, a evolução nos transformou em seres totalmente voltados para o curto prazo, para o imediato.

Todos nós sabemos que existe o "longo prazo", mas entre saber de sua existência e incorporá-lo em nossa vida há uma distância bastante grande, e a maioria de nós vive totalmente voltada para o momento presente. "Vou me preocupar com o amanhã quando o amanhã chegar", é o que dizem muitos...

O problema é que o "amanhã" chega – e nós não nos preparamos para ele. Mas não se culpe se você tem dificuldades em pensar no longo prazo e em planejar a sua própria vida. Lembre-se que a culpa não é sua (e sim dos nossos antepassados).

Essa nossa dificuldade natural em lidar com o longo prazo, conceito para lá de abstrato, é uma das grandes responsáveis pelos nossos fracassos financeiros. Ter uma vida financeira em ordem é algo que, por incrível que pareça, acaba dependendo mais daquilo que a gente não faz do que aquilo que a gente faz.

Para termos dinheiro, é preciso poupar e investir. Poupar e investir implica em sacrificar o uso daquele dinheiro no momento presente ("vou jantar fora hoje naquele restaurante caro") em prol de um futuro com mais conforto ("talvez seja melhor comer algo em casa"). Só que, para nós, o futuro não existe. Tanto hoje quanto para nossos antepassados cuja única preocupação era sobreviver a cada dia, ele é um conceito estranho.

Esse mecanismo de poupar dinheiro é o mesmo que acaba nos influenciando de forma negativa em nossas escolhas alimentares. É o clássico conflito "bolo de chocolate agora ou boa forma daqui um ano".

Ter boa forma é muito melhor do que comer um pedaço de bolo, só que é um benefício que está "lááá" longe e vai exigir outros sacrifícios (outros pedaços de bolo terão que ser recusados). Já o bolo está ali, olhando para você e dizendo "me coma, você merece!". É um benefício pequeno, mas é imediato e garantido (ainda que esse benefício vire um problema lá na frente).

É aí que entram em ação nossos mecanismos de distorção da realidade e as mentiras que contamos para nós mesmos. "De que adianta eu deixar de comer o bolo agora se amanhã pode cair um avião na minha cabeça e eu morrer?" – essa e outras desculpas do gênero vão causar um grande arrependimento depois.

A sabedoria popular diz que "mais vale um gosto do que dinheiro no bolso". Se você pretende ter uma vida financeira sólida (ou até mesmo virar uma pessoa rica), você terá que entender que "sabedoria" e "popular" são termos autoexcludentes. Se a população tivesse sabedoria, a maioria das pessoas seria rica, feliz e tranquila. Não é o que a gente vê – ou pelo menos não é o que eu vejo.

Vencer financeiramente implica em ir contra a sua própria natureza. Você precisará ter força, coragem e determinação para dizer "não" a si mesmo, quando tudo o que sua mente e seu corpo pedem é o "sim".

Assim como pais responsáveis, às vezes a gente precisa ser um pouco duro conosco no curto prazo; mas no longo prazo iremos nos agradecer por aquela dureza.

A FAMÍLIA JOGANDO CONTRA

Como vimos, provavelmente nós somos o nosso maior adversário no processo de conquista do sucesso financeiro. Mas, a partir de agora, vamos começar a falar dos adversários externos, e começando com aquele adversário mais insidioso – o que está dentro de nossa própria casa.

A família é, para grande parte das pessoas, o principal ponto de apoio, inclusive para questões financeiras. Mas muitas vezes – e até de forma não intencional – a própria família acaba sendo uma das grandes vilãs das finanças, fazendo enorme pressão para que gastemos um dinheiro que, naquele momento, pode acabar fazendo falta.

A família é mais ou menos como o Congresso Nacional. Se você conversar agora com um deputado ou senador, eu duvido muito que ele não vá demonstrar consciência da situação fiscal do país, sendo o primeiro a dizer que o governo gasta demais e que precisa cortar gastos, aumentar a arrecadação, combater a corrupção e outras coisas do gênero.

O congressista defende veementemente que o governo gaste menos e corte despesas. Porém, ele quer que esses cortes sejam feitos nas coisas dos outros, e não naquilo que é de interesse dele. Se falar em cortar subsídios para determinado grupo que apoia aquele congressista ou cortar as verbas do gabinete dele, aí o bicho pega.

Ao longo de minha vida como consultor e orientador

financeiro, eu já perdi a conta de quantas vezes vi famílias se comportando dessa forma. As famílias que passam por dificuldades financeiras têm grande facilidade em reconhecer e admitir essas dificuldades, mas na hora de resolver as causas, torna-se uma verdadeira guerra acomodar os interesses individuais e gerenciar as exceções.

"Sim, eu concordo que temos que reduzir gastos, mas não podemos deixar de viajar nas férias." "Não podemos deixar de comprar presentes de Natal." "Não podemos deixar de comprar presente de aniversário para a tia Joaquina." "Não podemos deixar de comemorar o Ano-Novo." "Não posso deixar de ir ao futebol com os amigos". "Não posso deixar de comprar o produto XYZ"...

O caminho para a ruína financeira é pavimentado por exceções e gastos que "não podem ser cortados".

AMIGOS TAMBÉM JOGAM CONTRA

Uma cena comum em vários lugares: a pessoa chega ao fim de um dia de trabalho e recebe um convide para *happy hour*, ou então uma balada selvagem mais à noite.

Aí, nosso personagem – que está passando por um período de privação autoinduzida para organizar sua vida financeira – agradece o convite e nega, mas acaba ouvindo o inevitável: "Puxa vida, mas é só hoje! Temos que comemorar sei-lá-o-quê". E isso quando a pessoa não é abertamente ridicularizada pelos amigos por tentar colocar um pouco de disciplina na própria vida... "Você não vai na balada com a gente? É um bundão mesmo!"

As intenções podem ser as melhores possíveis. Às vezes as pessoas querem, na maior inocência do mundo, apenas que você se distraia e socialize um pouco. Mas períodos de disciplina financeira exigem... bem, disciplina! E se a sua capacidade de dizer "não" for menos que absoluta, o plano todo vai por água abaixo.

Às vezes as coisas nem são tão inocentes assim. Por alguma razão meio estranha, algumas pessoas parecem ter um prazer especial em fazer com que a gente desvie dos nossos planos. E isso pode nem ser tão explicitamente intencional. É mais ou menos como aquela sua tia que insiste para que você coma o bolo, ainda que tenha dito cinco vezes que está de dieta... e insiste: "Mas tem certeza que não quer nem um pedacinho?".

É uma coisa meio estranha. As pessoas que realmente gostam da gente deveriam nos apoiar nos nossos objetivos (ter mais dinheiro, emagrecer ou algum outro), mas acabam trabalhando para sabotar esses objetivos – e ainda acham engraçadinho quando você se desvia.

O que eu vou escrever agora pode soar um pouco duro demais, entretanto muitas pessoas têm um verdadeiro prazer, ainda que meio inconsciente, em nos ver falhando. Afinal, você ficar rico ou ganhar aquele corpão é algo que pode mudá-lo e, de alguma forma, afetar o relacionamento. Será que você vai ser aquela mesma pessoa legal de sempre?

O idioma alemão é uma coisa encantadora. É uma língua sofisticada, complexa, com aqueles palavrões enormes – só pronunciáveis mesmo pelo povo germânico – para expressar situações, sentimentos ou emoções que, em português, precisaríamos de umas 10 palavras para definir.

Uma dessas palavras é *Schadenfreude*: literalmente, o prazer (ou alívio) que se sente ao ver alguém se ferrar (e esse alguém é VOCÊ). Para uma pessoa que não consegue fazer dieta, nada melhor para aliviar o ego dela do que ver VOCÊ falhando em sua dieta. Para uma pessoa que não consegue colocar a vida financeira em ordem, nada melhor para diminuir o sentimento de culpa dela do que ver VOCÊ falhando.

Então, sempre tenha em mente que amigos de verdade estão a nosso favor, e não contra nós.

E muito cuidado com qualquer convite e proposta que venha acompanhado de "mas é só hoje!". TODO DIA é "só hoje". Hoje é só hoje... E quando o amanhã chegar, ele virará "hoje" e será "só hoje" de novo... Todo dia tem algum motivo para comemorar alguma coisa. Todo dia é "só hoje".

PROPAGANDA E VENDEDORES

A competição entre as grandes empresas (que são os maiores anunciantes no meio publicitário) e os consumidores individuais é uma coisa escandalosamente injusta.

As grandes corporações têm os melhores recursos do mundo à sua disposição, e contratam, a peso de ouro, os melhores profissionais de marketing, os melhores psicólogos, os melhores antropólogos... Tudo isso com o objetivo único de estudar a fundo a sua "cabecinha" e saber como influenciá-lo na compra de coisas que, em outras circunstâncias, talvez você não compraria.

A propaganda não é, por si só, uma coisa ruim. Pelo contrário, ela é necessária para que produtores se comuniquem com os compradores – sem isso, a economia não anda.

Da mesma forma, "persuasão" também não é uma coisa inerentemente ruim. A persuasão faz parte das relações humanas desde que o mundo é mundo. Aliás, podemos dizer que a

Humanidade é uma grande rede de pessoas interagindo e persuadindo umas às outras. Nesse exato momento, com estas palavras que você está lendo, estou tentando persuadi-lo com algumas ideias e visões. Você, por outro lado, tenta persuadir sua família e seus amigos a fazerem (ou não fazerem) certas coisas, e eles tentam persuadi-lo de volta.

O problema é que a linha divisória entre a persuasão e a manipulação é bastante difícil de enxergar. E às vezes, até por causa de seu alcance e de seu poder econômicos, as grandes empresas vêm com uma mão pesada na propaganda, abusando da linguagem persuasiva e das fraquezas humanas.

Não é culpa das empresas. Elas querem vender seus produtos, tanto quanto nós queremos vender nossos produtos, serviços ou a nós mesmos (numa entrevista de emprego ou num encontro amoroso, por exemplo). E assim como aquela pessoa que põe uma foto de si própria mais jovem e mais magra no aplicativo de relacionamentos, as empresas também dão uma forçadinha de barra de vez em quando...

Provavelmente nenhum publicitário vai lhe dizer isso de forma tão explícita, mas o objetivo não assumido da publicidade moderna é fazer com que as pessoas se sintam incompletas e inadequadas, e que só serão íntegras, felizes e realizadas se usarem aquele produto que está sendo anunciado.

As pessoas bacanas usam as roupas da marca XYZ – então, se você não usa XYZ, você não deve ser bacana. As pessoas "de classe" dirigem carros da marca "tal" – e você andando de ônibus...

Se você acreditar em tudo o que a propaganda fala, você vai se achar um verdadeiro lixo. A propaganda está em todo lugar e nem sempre ela é explícita. Em um filme ou novela, nada está lá por acaso – a bolsa da mocinha e o carro do vilão são parte de uma estratégia para tentar levantar ou derrubar determinado produto ("eu não quero ter o carro do vilão!").

E aí entram também os vendedores. Existem aqueles vendedores que são naturalmente talentosos e trabalham de forma intuitiva, mas grande parte deles utiliza diversas técnicas de vendas que mexem com as emoções humanas, como o nosso medo da escassez, nosso desejo por status e exclusividade e pela sensação de que estamos fazendo um bom negócio.

As empresas e os vendedores estão, o tempo todo, tentando nos convencer a gastar nosso dinheiro. Eu nunca vi um vendedor dizer: "Olha, acho que você não devia comprar isso agora. É melhor você guardar um pouco mais de dinheiro e comprar no ano que vem". Se você acha que uma empresa ou vendedor vai estar ao seu lado na hora de gerenciar suas finanças, é melhor acordar de seu sonho dourado antes que a realidade puxe o seu tapete. Convença-se e aceite que você está sozinho nesta luta.

E O GOVERNO?

Como já foi falado no começo do livro, o governo tem um problema de múltiplas personalidades. Boa parte das iniciativas de educação financeira (louváveis) são do próprio governo, mas ele também é um grande incentivador do endividamento – especialmente aquele endividamento de consumo, que ajuda a manter a economia aquecida e se movimentando.

Ou seja, o governo, que deveria ser seu aliado, é muitas vezes um dos maiores incentivadores da sua ruína financeira.

A verdade é: se você quiser colocar as suas finanças em

ordem e caminhar rumo à liberdade financeira, você não terá muitos aliados.

Aliás, é bastante provável que você não tenha NENHUM aliado. Você vai precisar contar com você, e só você...

CAPÍTULO 6

COMO (ENFIM) SAIR DAS DÍVIDAS

Vamos começar este capítulo lembrando de um conceito muito importante já abordado no livro: não existe "sair das dívidas". Nós não saímos das dívidas – na verdade, as dívidas é que saem da gente.

Isso porque, como já foi comentado, as dívidas não são o problema, e sim a consequência. A dívida é o "sintoma" – se a doença for tratada (e eliminada), o sintoma desaparece.

ANTES DE RENEGOCIAR E REESTRUTURAR

Inicialmente, algumas definições: "renegociar" uma dívida significa definir, junto ao credor, novas condições para pagamento (presumidamente, de forma mais favorável ao devedor, para que este possa saldar uma dívida potencialmente impagável). Ou seja, o credor cede, oferecendo ao devedor algo como um desconto, um prazo aumentado, taxas de juros mais favoráveis ou uma combinação disso tudo. Tudo isso implica alguma perda, para o credor, em relação às condições originais. Por isso, um credor nunca fica exatamente feliz em renegociar, mas às vezes ele vê a renegociação como única opção para evitar um calote. É, para o credor, o proverbial "dar os anéis para preservar os dedos".

Ao renegociar, aquela dívida antiga deixa de existir e passamos a ter uma nova, com outras condições. Uma dívida renegociada é, portanto, uma dívida reestruturada. Porém, no contexto de finanças pessoais, é comum o uso da expressão "reestruturação de dívidas" para indicar uma transação financeira onde se toma uma dívida em condições mais favoráveis (em termos de custos e prazos) para pagar outra, mais cara ou de prazo mais curto. No caso da reestruturação (no contexto mencionado), o credor recebe o que é devido sem precisar fazer concessões.

Para o devedor, na prática, não vai acabar havendo muita diferença no resultado final. Mas é bom saber, conceitualmente, o que é cada coisa.

A atitude da maioria das pessoas endividadas é já pular para essa etapa da renegociação e reestruturação. Porém, não importa o quão caótica esteja sua situação, não se apresse em renegociar as dívidas! A renegociação e a reestruturação estão entre as últimas coisas a serem feitas num processo de colocar ordem na casa.

Renegociar ou reestruturar gera dívidas novas. A renegociação depende, em grande parte, da boa vontade do credor, enquanto a reestruturação depende da disponibilidade de linhas de crédito. As duas situações envolvem queimar cartuchos importantes, por isso precisamos ter segurança de que teremos condições de arcar com os compromissos dessas novas dívidas – se pisarmos na bola, pode ser que não dê para renegociar ou reestruturar uma segunda vez.

A MENTE DO CREDOR

Quando se está numa situação de endividamento (e, especialmente, quando esse endividamento está fora de controle), parece que o mundo está contra você e que seus credores o estão querendo matar.

Porém, essa percepção é falsa, em grande parte originária da situação de pressão e estresse que acompanha o endividamento. A não ser que você seja um devedor muito sacana e de má-fé – ou um devedor recorrente e compulsivo –, o credor não tem interesse em punir suas falhas nos compromissos financeiros.

Credores querem receber aquilo que lhes é devido, e "mortos não pagam"... Então não é interessante para eles que você "morra", nem financeiramente nem literalmente (a não ser que você esteja devendo dinheiro para algum agiota barra-pesada – nesse caso é melhor pensar em se mudar de planeta...)

Ao contrário do que alguns pensam, credores não são obrigados a renegociar dívidas, e também não ficam felizes em ceder. Numa abordagem inicial, é normal que alguns credores façam jogo duro, mas a verdade é que é de interesse deles que você supere essa situação. Instituições financeiras e comerciantes querem que você continue fazendo negócios com eles, e outros tipos de credores querem, no mínimo, receber alguma coisa e não ficar no prejuízo.

Assim sendo, é bastante provável que você tenha sucesso na renegociação de dívidas. Porém, é FUNDAMENTAL que observe algumas posturas e atitudes que serão apresentadas ao longo deste capítulo. A sua reputação, a sua credibilidade e a sua confiabilidade serão muito importantes neste processo.

E lembre-se, seu credor não é seu inimigo – mas ele poderá se tornar um, se você pisar na bola novamente...

IDENTIFICAÇÃO DE CAUSAS E INVENTÁRIO

As dívidas surgem porque a gente gasta mais do que ganha ou mais do que tem – simples assim. É uma questão puramente matemática. Se esse desequilíbrio entre "dinheiro que entra" e "dinheiro que sai" acontece porque você perdeu o seu emprego ou gasta de forma tresloucada e irresponsável, isso não é relevante no momento.

Então, precisamos identificar qual é a causa (ou as causas) do endividamento. Às vezes, essa identificação é fácil. Pode ser que tenha acontecido algum evento de alto impacto que tenha tirado sua vida do rumo, como um problema de saúde ou um processo judicial, ou pode ser que você tenha perdido sua renda.

Em outros casos, é mais difícil de identificar as causas, pois elas podem estar associadas a um estilo de vida descontrolado e não planejado. Em qualquer circunstância, é sempre bom fazer um levantamento das finanças (usando uma planilha, por exemplo) para ter clareza sobre essas causas.

Muita gente acredita que sabe perfeitamente o que acontece com as finanças, mas, ao colocar no papel, acabam tendo uma surpresa: descobrem que gastam muito mais do que imaginavam.

Então não perca a oportunidade de fazer uma planilha de suas entradas e saídas de dinheiro, de preferência para vários meses, pois você poderá acabar enxergando ali algo que ainda não viu e que pode ser a causa de um descontrole financeiro.

Uma planilha bem-feita e com os dados corretamente inseridos certamente vai ajudar a achar onde está o buraco. Se você não tem muita familiaridade com planilhas e quer usar um modelo pronto (inclusive com instruções de uso), dê uma olhada em www.andremassaro.com.br/planilha. É só baixar e começar a usar.

Em paralelo à identificação das causas do endividamento, é necessário também fazer um inventário das dívidas. Muitas pessoas poderão argumentar que conhecem as próprias dívidas de cabeça, mas, assim como no caso da análise financeira proposta anteriormente, algo mágico acontece quando a gente coloca as coisas no papel (ou numa planilha): começamos a enxergá-las com mais clareza, integridade e objetividade.

Faça uma planilha com todas as suas dívidas – liste uma por uma e coloque as seguintes informações:

- Nome do credor
- Valor
- Prazo
- Taxa de juros e CET (Custo Efetivo Total)
- Se está em atraso ou não
- Multas e penalidades (se existirem)

Se não conseguir achar essas informações, pergunte para o credor. Aproveite e faça uma consulta de seu nome nos serviços de proteção ao crédito (de repente você pode acabar encontrando alguma coisa que não sabia…).

A ideia aqui é ter um mapa da real situação, antes de prosseguir para as próximas etapas.

CORTANDO NA CARNE

Após cumprir essas duas etapas (da identificação das causas do endividamento e o inventário das dívidas), chega o momento de tomar algumas decisões realmente duras.

Essa é a etapa final antes de partir para a renegociação e a reestruturação das dívidas, e o foco aqui está em duas coisas:

a) Saber, realisticamente falando, qual será a sua capacidade mensal de pagamento de dívidas após reorganizar as contas e sanar as causas do endividamento. É preciso saber com o quanto você pode se comprometer para pagar dívidas.

b) Não pisar na bola novamente.

Não espere muita moleza para definir o item "a". Você terá que fazer sobrar dinheiro – e não se iluda, isso vai envolver sacrifício. Provavelmente acarretará grandes cortes de gastos, e se o seu problema envolver falta de renda, você vai ter que "se virar" para arrumar alguma fonte de dinheiro. Sem isso, qualquer tentativa de reorganizar a situação financeira será um exercício de futilidade e de perda de tempo.

A definição desse valor de "comprometimento mensal com o pagamento de dívidas" precisa atender a dois requisitos. O primeiro é que precisa ser algo factível para você. De nada adianta você se comprometer e furar de novo. Seu credor não vai facilitar as coisas em uma nova negociação. Então, não se comprometa com valores que vão envolver sacrifícios acima das suas possibilidades – estabeleça um limite.

O segundo requisito é que esse valor de comprometimento mensal precisa ser substancial. Ou seja, não pode ser grande o suficiente para inviabilizar sua vida (e levá-lo, inevitavelmente, a uma nova situação de inadimplência), mas também não pode ser tão pouco a ponto de seu credor considerar a proposta inaceitável. Dizer que você pode se comprometer a pagar "1 real por mês por 1 milhão de anos" não vai colar, e seu credor vai mandá-lo – com razão – para aquele lugar...

Então saiba que a situação vai envolver sacrifícios. Se, de alguma forma, a sua vida estiver confortável nesse período, provavelmente você não está se empenhando o suficiente para colocar ordem na casa.

A "dor" (metaforicamente falando) é uma "medida". Se estiver doendo demais, a coisa pode caminhar para uma ruptura. Mas se doer pouco ou nada, talvez o "tratamento" não esteja sendo efetivo.

Assim como seu credor deverá, supostamente, demonstrar alguma boa vontade em ceder nas condições da dívida, você também deve demonstrar alguma boa vontade em fazer sacrifícios visíveis para que seu credor se assegure de sua seriedade e de seu comprometimento.

Dizer para seu credor que não tem condições de pagar e, logo na sequência, sair de férias e ficar colocando fotos suas nas redes sociais curtindo o sol do Caribe é algo que vai pegar muito mal...

ACONTEÇA O QUE ACONTECER, NÃO FUJA!

Eu devo confessar que não tenho muita experiência pessoal com renegociação de dívidas (felizmente, eu mesmo nunca passei por essa situação – e espero nunca passar), mas ao longo de minha carreira profissional já orientei alguns indivíduos, e em um contexto mais corporativo já conduzi empresas em processos de renegociação de dívidas – inclusive alguns bastante duros.

Uma das lições mais interessantes que eu já aprendi observando ou conduzindo esses processos é que, em grande parte das vezes, os credores têm uma certa "resiliência financeira". Ou seja, eles conseguem ficar algum tempo (às vezes tempo indeterminado) sem receber, se for preciso. Obviamente eles não têm nenhuma intenção de NÃO receber (e muitos, inclusive, cobram de forma agressiva), mas não é comum ter um credor que vai, efetivamente, quebrar se não receber.

Para muitos credores, tão ou mais importante que receber o dinheiro é ter uma satisfação. Muitos credores costumam ficar bastante chateados e frustrados com devedores que adotam posturas evasivas, como sumir, não atender telefonemas e "dar perdidos". Isso é particularmente verdadeiro no caso de empréstimos entre indivíduos conhecidos (como amigos e parentes) e pode causar danos irreversíveis a um relacionamento pessoal já consolidado.

Mas também é verdadeiro no caso de empresas. Já vi, num contexto corporativo, o humor de credores mudar da água para o vinho simplesmente porque a empresa devedora resolveu, de sua própria iniciativa, procurar o credor e relatar as dificuldades em pagar.

Então não importa o que acontecer, não fuja. Dê satisfação. Muitas vezes o credor pode agir de forma agressiva, o ameaçando e rosnando para você. Entenda que ele está frustrado e com receio de não receber, mas quem está em falta é você. Então ouça pacientemente qualquer impropério que o credor proferir, respire fundo e mantenha a serenidade de um monge budista.

Muitas vezes você pode se surpreender. Se você tomar a iniciativa e der uma satisfação – ao invés de só falar algo quando for cobrado –, você poderá ganhar uma boa vontade adicional de seu credor. E sua reputação poderá sair fortalecida pela sua atitude.

E, por incrível que pareça, reputação vale mais do que dinheiro. Se você ainda tiver alguma, preserve-a!

SE TUDO FALHAR, BUSQUE AJUDA

Até o momento, eu falei bastante sobre boa vontade por parte dos credores. De fato, como foi falado antes, o interesse dos credores é receber o dinheiro (e não punir você). Por isso, muitas vezes eles vão acabar facilitando as coisas.

Porém isso não é uma regra. Muitos credores irão até você de forma agressiva e intimidadora, às vezes até mesmo usando de artifícios ilegais, como cobranças constrangedoras, e fazendo ameaças totalmente absurdas, dizendo que você vai ser preso, vai para o inferno e coisas do gênero...

Muitos credores (especialmente comerciantes) recorrem a empresas especializadas em cobranças para cuidar de suas dívidas pendentes. Felizmente a maioria dessas empresas de cobrança é séria, e a despeito de serem duras nas negociações, não fazem ameaças infundadas nem agem de forma ilegal. Porém, algumas dessas empresas agem baseadas em uma má--fé absurda, e tocam o terror para cima dos devedores – em particular, aqueles devedores menos instruídos e mais vulneráveis, que não têm pleno conhecimento de seus direitos e ficam apavorados com a possibilidade de perder o crédito ou sofrer outras consequências.

As empresas que fazem esse tipo de coisa usam a velha técnica do "se colar, colou". Falam um monte de abobrinhas, cobram de forma agressiva (e ilegal) e fazem ameaças absurdas. Se o devedor demonstra conhecimento dos seus direitos e da legislação, elas recuam... Porém, como a maioria dos devedores não faz a menor ideia de quais são seus verdadeiros direitos, elas assustam, intimidam e, muitas vezes, acabam conseguindo que o devedor pague até mais do que realmente deve.

A melhor arma para lidar com cobranças abusivas e intimidadoras é a informação. E, no caso, me refiro a informações sobre o que diz a lei e sobre quais são os seus direitos. Um credor não pode ameaçá-lo com prisão (isso não existe), não pode ligar na sua casa de madrugada e também não pode colocar um "trio elétrico" na frente da sua casa, anunciando que você está em dívida e o constrangendo na frente dos seus vizinhos.

A dívida é real e não deve ser negada, mas existem limites para cobrá-la.

Por isso, na dúvida, busque ajuda profissional. Se tiver acesso a um advogado que possa orientá-lo, faça-o. Faço o mesmo com um planejador financeiro, da mesma forma.

Se não tiver condições de pagar por ajuda profissional, procure os órgãos de defesa do consumidor de seu estado. Em geral eles têm serviços e estrutura para orientar devedores e, em alguns casos, até mesmo serviços dedicados a atender, especificamente, pessoas que estão enfrentando situações de superendividamento.

Pague suas dívidas. Pague até o último centavo. Mas não tolere, JAMAIS, qualquer forma de abuso e intimidação.

CAPÍTULO 7

DOMANDO A PRESSÃO SOCIAL

"Pressão social" é um conceito que não exige grandes explicações. O mundo e a sociedade têm algumas expectativas com relação a nós. Espera-se que a gente faça determinadas coisas, de determinadas formas. Espera-se, também, que a gente se enquadre em certos padrões e parâmetros. E esse enquadramento frequentemente exige gastar dinheiro em coisas que, no final das contas, sequer são para o nosso próprio prazer e bem-estar.

Somos pressionados para gastar (às vezes, inclusive, aquilo que não temos) apenas para estar em conformidade com a sociedade.

Mas, para não cairmos na armadilha de tentar resolver uma questão complexa com uma resposta simples (já vimos que, quando se trata de questões complexas, as respostas simples raramente são as respostas certas), vamos explorar algo muito importante, que ajuda a entender a pressão social: a "sinalização".

Existe um conceito em Economia (mais especificamente na Teoria dos Contratos) chamado de sinalização. Não quero entrar em grandes detalhes sobre isso para não deixar esta leitura árida, pois esse ramo da Teoria dos Contratos tem algumas coisas que são bastante complexas e contraintuitivas para quem não é iniciado na "magia negra" da Economia. Mas, tentando explicar de forma simples, "sinalizar" significa dar alguma informação que possa ajudar a reduzir a assimetria de informação e facilitar uma tomada de decisão.

Talvez a coisa fique mais clara se usarmos um exemplo bobinho. Imagine que você está em busca de um emprego. Você, sua mãe, seu cachorro e seus amigos de balada sabem do seu enorme talento profissional, do seu comprometimento e da sua dedicação, mas o seu eventual futuro chefe não sabe de nada disso, pois ele não o conhece – essa é a tal "assimetria de informação". Então, simplesmente dizer na entrevista o quão espetacular você é provavelmente não vai ajudar; afinal, seu entrevistador ouve isso de todo mundo. Aliás, pelo contrário, fazer esse tipo de coisa pode até atrapalhar, pois, como dizem por aí, poucas coisas são mais eficientes para destruir a reputação de uma pessoa do que a autopropaganda e o autoelogio.

Então você precisa de alguma coisa a mais para tentar vender, com alguma credibilidade, a ideia de que você é realmente tudo aquilo. E esse algo a mais pode vir na forma de uma apresentação impecável, credenciais verificáveis, cartas de recomendação ou uma formação acadêmica de primeira linha.

Veja, nenhuma dessas coisas GARANTE para o seu empregador que você é a pessoa correta para ser contratada, mas esses penduricalhos transmitem alguma segurança para que o entrevistador decida por você. Eles sinalizam – daí o nome – que talvez você seja a pessoa certa. Um diploma de uma universidade prestigiada sinaliza que você é uma pessoa de qualidade superior, e as pessoas ficam, supostamente, mais seguras em contratá-lo – mesmo que você tenha passado todos os anos de estudo no bar com os colegas e colando nas provas... mas talvez o entrevistador não descubra isso.

Enfim, um dos meus autores preferidos, Nassim N. Taleb (um cara que veio do mercado financeiro e resolveu virar filósofo) tem um conceito que ele chama de "sinalização barata". Trata-se de uma sinalização cosmética, só de aparência.

É o caso daquela pessoa que coloca mensagens espiritualoides nas redes sociais, mas que é, ela própria, um lixo de ser humano. Ou aquela pessoa que critica e aponta publicamente comportamentos negativos dos outros, como inveja e ostentação, e posa de guardiã da virtude, mas ela própria sofre daquilo que critica.

É muito mais barato ficar postando mensagens motivacionais e frases feitas nas redes sociais do que viver uma vida, de fato, edificante. Por que passar por todo o esforço e o sofrimento de ser um ser humano realmente virtuoso quando é tão mais fácil ficar simplesmente no discurso vazio?

DANDO UM F***-SE PARA A SOCIEDADE

Talvez você tenha estranhado um pouco o porquê de falarmos sobre sinalização e de sua prima mais feia, a sinalização barata. O que isso tem a ver com o que vamos tratar neste capítulo?

Bem, uma das manifestações mais comuns de sinalização barata que vemos por aí são aquelas pessoas que fazem o discurso de "não estou nem aí para o que pensam de mim", mas são, na verdade, completamente controladas pela opinião de terceiros.

E nem adianta aqui sugerir que você deva romper com a sociedade e viver a vida em seus próprios termos. Este é um discurso muito bom para aqueles livrinhos de autoajuda barata, rasos e superficiais (e eu quero acreditar que este aqui

NÃO É um livro de autoajuda barata...) e para as palestras motivacionais. Mas, no mundo real, nós temos grande dificuldade em viver de forma totalmente desvinculada em relação ao resto da sociedade.

Nós, que vivemos em sociedade, somos em grande parte moldados por nosso ambiente. E o ambiente é feito por pessoas como nós... Ou seja, não tem muito para onde fugir.

É fácil ("sinalização barata", lembra?) fazer um discurso de "não estou nem aí para o mundo". Só que, ao contrário do que gostamos de acreditar, o mundo também não está nem aí para nós... E nós precisamos mais do mundo do que ele de nós!

Por isso, a ideia de romper radicalmente com a sociedade tem pouca chance de sobreviver de alguma outra forma que não seja apenas no discurso. É ingênuo acharmos que conseguiremos não estar nem aí para a opinião dos outros. Pessoas mentalmente saudáveis se importam SIM com a opinião de terceiros – pessoas que genuinamente não estão nem aí com os outros são pessoas com traços de psicopatia. Por isso, não vamos comprar o discurso barato do "dane-se o mundo, eu sou mais eu". O que tentaremos fazer é identificar a pressão social e, dentro das possibilidades, controlá-la. Mas eliminá-la não é uma meta realista.

A PRESSÃO SOCIAL NO DIA A DIA

Não podemos eliminar a pressão social. Podemos, no máximo, domá-la e tentar diminuir seus impactos.

O primeiro passo é estarmos sempre atentos para identificar situações de pressão social no dia a dia, até mesmo porque ela se manifesta, muitas vezes, de forma implícita. Nem sempre a sociedade nos pressiona diretamente; é mais comum que ela nos transmita pistas e sinais que fazem com que nós mesmos acabemos nos pressionando.

Um exemplo bastante comum de pressão social autoinduzida é quando os colegas de trabalho resolvem almoçar em algum lugar mais caro. Ninguém está obrigando você a ir junto, e, realisticamente falando, nada de ruim vai lhe acontecer se você não for. Mas ainda assim você vai, pois fica aquela situação meio chata e constrangedora.

Em outros casos a pressão é mais direta e explícita. Por exemplo, quando seu cônjuge ou seu filho dizem que TÊM que ir no aniversário de fulano de tal e TÊM que dar um presente caro, pois senão vai gerar uma mágoa que vai durar até o dia em que o Sol se apagar.

E uma coisa interessante da pressão social é que ela é frequentemente associada a jovens e adolescentes, que estão naquele período altamente confuso e competitivo de formação da identidade e sentem que precisam seguir as regras e ditames de determinados grupos. Porém, a pressão social afeta (e MUITO) pessoas adultas. Diversas pesquisas realizadas em países diferentes apontam que os adultos também sofrem com a pressão social (e sucumbem a ela).

O "CONTÁGIO SOCIAL"

Comportamentos (bons e ruins) podem ser transmitidos de uma pessoa para outra por meio do convívio e dos relacionamentos sociais. É algo que vem sendo observado por pesquisadores desde o século XIX, e que vem sendo confirmado por diversos estudos científicos desde então.

É natural e intuitivo que acabemos incorporando hábitos e práticas daqueles grupos sociais que frequentamos. Mas como em tudo no Universo, parece haver certa entropia embutida nesse fenômeno, o que faz com que hábitos ruins acabem se espalhando de forma mais intensa do que os bons.

Inclusive, há uma frase famosa e muito mencionada nos círculos de autoajuda e desenvolvimento pessoal, atribuída ao autor americano Jim Rohn: "somos a média das 5 pessoas com quem mais convivemos". Obviamente isso não é uma observação científica, mas faz sentido e está consistente com a tese do contágio social.

Por causa disso, precisamos ser muito cuidadosos com as pessoas com quem andamos. Se andarmos com pessoas pródigas com o dinheiro e financeiramente irresponsáveis, há uma razoável possibilidade de que acabaremos incorporando essas atitudes em nós mesmos.

E pelo princípio da entropia, é mais fácil você incorporar os maus hábitos de outras pessoas do que transmitir os seus bons hábitos para elas. Então, é importante ser seletivo com quem andamos.

Um dos problemas de conviver com gente que não leva tão a sério a saúde financeira é que acabamos definindo uma nova referência – um novo normal. Se você for uma pessoa gordinha e seus amigos são obesos mórbidos, em algum momento você vai acabar acreditando que é uma pessoa enxuta e atlética, pois sua referência mudou. De fato, em comparação com seus amigos, você é um palito...

Com o dinheiro é igual. Se seus amigos e parentes são completamente desvairados com o dinheiro, você se sentirá a pessoa mais normal e contida do mundo simplesmente por não queimar o seu dinheiro. Mas ainda assim pode estar levando uma vida que vai levá-lo à ruína financeira – apenas não tão rápido quanto seus amigos.

Se você procurar conviver com pessoas financeiramente responsáveis, que pensam em seu próprio progresso e que são orientadas para um futuro tranquilo e confortável, você acabará (espera-se!) incorporando e reforçando esses traços em si próprio.

Então, não hesite em afastar de sua vida aquelas pessoas que puxam você para baixo.

COMPETITIVIDADE E REATIVIDADE

É uma tendência natural das pessoas competirem umas com as outras. Competimos (de forma mais ou menos consciente) com nossos vizinhos para ver quem tem o carro melhor; competimos com nossos colegas de trabalho para ver quem fez a viagem de férias mais incrível; competimos com o mundo todo tentando mostrar uma vida feliz e glamorosa nas redes sociais.

Talvez você não faça nada disso, mas é muito raro encontrar alguém que, legitimamente, nunca tem vontade de dar uma ostentada de vez em quando. Não é nenhum pecado, e sim um traço de nossa condição humana. Status foi importante para nossos antepassados e continua sendo importante hoje.

A coisa fica realmente complicada quando essa competitividade ganha uma característica patológica e passamos a ser pessoas totalmente reativas. Ser reativo significa, em poucas palavras, reagir ao ambiente. Quando se é reativo, você abre mão do controle de sua própria vida e passa a ser guiado por eventos e estímulos externos.

A competitividade extrema é vista, em muitos contextos, como um traço positivo, associada a qualidades como força, dinamismo e evolução. Porém, quando a competitividade chega num nível extremo, a pessoa passa a ser movida por seus adversários.

A pessoa competitiva (no mau sentido) não quer ser boa em alguma coisa – ela quer é ser melhor do que alguém. Em algumas situações é importante adotar essa postura mais competitiva. Um atleta profissional precisa buscar ser o melhor – senão, é mais indicado buscar outra profissão. Numa empresa, da mesma forma, uma promoção para um cobiçado cargo executivo também acaba indo para o melhor (supostamente...). Em contextos assim, o segundo colocado acaba sendo o primeiro colocado da lista dos perdedores.

Então, se o seu colega foi melhor que você em determinada tarefa, você vai ter que se virar e superá-lo se não quiser perder a vaga.

Mas salvo em situações assim, onde você é comparado em termos relativos (e não absolutos), a competitividade, quando associada à reatividade, pode nos colocar em maus lençóis.

Se você é uma pessoa competitiva que se mede em termos relativos, cada vez que sua melhor amiga fizer uma viagem, você se sentirá na obrigação de fazer uma viagem melhor. Cada vez que seu vizinho comprar um carro novo você se sentirá na obrigação de ter um melhor, e por aí vai. Em princípio não há nada errado nesse comportamento – novamente, busca por status é uma característica natural nossa. O problema é que essa brincadeira custa e, por causa disso, podemos arruinar nossa situação financeira em coisas que, no fim, sequer são tão importantes para nós. Afinal, você nem quer o carro... Só quer superar o seu vizinho! Se ele não comprasse, você também não compraria.

O ponto é que se você faz (ou compra) algo porque alguma outra pessoa fez, você está agindo de forma reativa. Você está reagindo à ação de outra pessoa, e isso significa que você não está (ao menos naquele momento) com o controle de seu destino e das suas ações.

E aqui, para encerrar, cabe mais um clichê do mundinho do desenvolvimento pessoal: "Procure não se comparar com outras pessoas, e sim com a sua versão do dia anterior".

SE FOR PARA COMPETIR...

Se o desejo de competir e ter status for forte demais, algo contra o qual você não consegue lutar, lembre-se de que existem muitos quesitos nos quais podemos competir e que não necessariamente envolvem dinheiro.

O que você acha de ser uma pessoa extremamente inteligente, culta, refinada e em boa forma? São atributos que prescindem de dinheiro para que possamos tê-los.

Obviamente que o dinheiro ajuda (pode pagar um bom *personal trainer*, por exemplo), mas não é um pré-requisito. Basta ver a quantidade de pessoas que têm muito dinheiro, mas nenhum desses atributos mencionados.

Qualquer pessoa com um pouquinho de dedicação e boa vontade consegue desenvolver e reforçar essas características. Talvez você não tenha dinheiro para estudar na melhor escola do mundo, mas qualquer pessoa com acesso à internet consegue, hoje em dia, aprender praticamente qualquer coisa.

Essas coisas (cultura, boa forma, educação) não são algo

que se possa comprar numa loja. Então, aqueles que não têm não vão conseguir superar você tão cedo. Seu colega de trabalho não vai aparecer com uma inteligência nova no dia seguinte. No máximo vai aprender uma nova habilidade, algo que você também pode fazer.

Se for para fazer inveja nos outros, faça com coisas que eles não possam comprar.

E a ironia suprema disso tudo é que os atributos que prescindem de dinheiro muito provavelmente acabarão trazendo mais oportunidades financeiras. Já o dinheiro não necessariamente dará a alguém esses atributos.

Se for para competir, seja invencível!

FUJA DA MANADA

Em assuntos financeiros (e em vários outros), a maioria está frequentemente errada. Tanto isso é verdade que grande parte das pessoas tem uma vida financeira frágil, com dívidas ou, na melhor das hipóteses, vendendo o almoço para pagar a janta.

Não é por acaso. No mundo da gestão financeira, dos negócios e dos investimentos, o senso comum é seu inimigo. Cuidado com dicas e "receitas de bolo" diversas. Cuidado com pessoas que falam de dinheiro e sucesso sendo que elas próprias não têm nenhuma dessas duas coisas.

Se a maioria das pessoas está comprando algo, investindo em algo ou fazendo algo, olhe aquilo com desconfiança e com um ceticismo saudável. A história da Humanidade mostra que a maioria sempre perde – e a riqueza acaba ficando nas mãos de poucos.

Escolha de que lado você quer ficar.

COMO DIZER "NÃO"

Para finalizar este capítulo, quero lembrá-lo: você vai ter que exercitar bastante o ato de dizer "não" se quiser preservar e melhorar sua situação financeira.

Então, quando disser "não", sempre complete sua frase com uma declaração que mostre um motivo.

Em vez de simplesmente dizer "não" para um convite para jantar, diga "não, estou guardando dinheiro para investir numa pós-graduação no ano que vem". Ou então, se estiver com um espírito um pouco mais ácido, diga algo como "não, eu não quero quebrar e ter que pedir ajuda financeira para a minha família". Declarações assim costumam colocar uma "pulga atrás da orelha" dos amigos, forçando-os a olharem para a própria situação.

Expor a motivação do seu "não" vai lhe dar mais convicção de estar tomando a atitude certa. Também pode acabar chamando atenção das pessoas para seus próprios objetivos e planos, ajudando-as a enxergar com mais clareza e a focar recursos e esforços naquilo que é realmente importante.

CAPÍTULO 8

O PAPEL DA FAMÍLIA

O campo do conhecimento chamado "finanças pessoais" diz respeito à gestão financeira de indivíduos e de famílias. Mas talvez fosse melhor a gente considerar como a gestão do "lar". O lar é a unidade ideal das finanças pessoais, considerando que lares típicos podem ser habitados por uma única pessoa, por famílias (de modelo tradicional ou alternativo) ou por grupos que, por afinidade ou alguma razão de natureza prática, compartilham o mesmo domicílio.

Este capítulo vai falar sobre famílias, mas o que vai ser dito aqui pode ser aplicado, em grau maior ou menor, a lares em geral. Isso porque, quando vivemos com alguém, é inevitável que algumas decisões financeiras acabem impactando o lar como um todo. Por isso, é sempre interessante que haja algum alinhamento dentro do lar.

Os problemas de gestão financeira do lar vão, então, desde aquele morador de república estudantil que quer tomar banho de duas horas todos os dias, mas não quer pagar a mais na hora de dividir a conta de eletricidade, até famílias convencionais discutindo o futuro dos filhos.

CONVERSAS DIFÍCEIS

"Finanças no lar" não é um assunto que deva ser tratado de forma leviana, pois é um tema que pode levar à destruição de uma família (e não estou exagerando). É um discurso comum de profissionais da área de psicologia e de direito de família que muitos problemas que levam à desintegração de uma família acabam tendo alguma origem financeira. Até questões que, à primeira vista, não parecem ter nada de financeiras (como violência doméstica e infidelidade conjugal), podem acabar revelando alguma questão financeira em sua origem, se investigadas a fundo.

Por isso, os assuntos financeiros podem e DEVEM ser tratados no lar. O momento ideal de se falar sobre finanças é ainda quando aquele relacionamento (que pode acabar levando à formação do lar e da família) está no início.

Porém, 9 em 10 pessoas evitam esse tipo de assunto, compreensivelmente, pelo seu potencial de assassinar todo o encanto e o romantismo de um relacionamento que ainda está no começo. Não existe nada mais broxante do que falar de gestão financeira quando a emoção dominante ainda é a paixão e o encantamento pelo parceiro.

Porém, do ponto de vista racional – lembrando que o racional acaba não tendo muita vez nesse momento –, o ideal seria que as pessoas comparassem suas "personalidades financeiras" (para ver se são compatíveis) ANTES de permitirem que o relacionamento prossiga e se torne algo mais sério (falo mais sobre isso adiante).

AS "PERSONALIDADES FINANCEIRAS"

As pessoas têm diferentes personalidades financeiras, que são associadas principalmente aos seus planos futuros e à forma como lidam com incertezas.

Com relação aos planos futuros, as pessoas têm diferentes ambições. Algumas querem ter uma vida profissional de grande sucesso (e, quem sabe, até enriquecerem no processo). Outras se contentam com uma vida mais convencional, e não têm grandes ambições materiais. Outro tema que influi na definição dos planos futuros é a questão do lar e dos filhos. Alguns querem fincar raízes, se fixar em algum lugar e formar uma família padrão rapidamente, com filhos, gato, cachorro, papagaio e tudo o mais que tiverem direito. Outros preferem priorizar as questões profissionais antes de ter filhos (deixando essa decisão para mais tarde), ou mesmo descartam completamente a ideia de tê-los.

Com relação às incertezas, as pessoas têm diferentes posturas. Tem pessoas que não se preocupam com o dinheiro, que querem viver o hoje, e que conseguem dormir tranquilamente mesmo que estejam devendo até a alma. Já outras pessoas não conseguem ter um mínimo de paz de espírito se não tiverem reservas financeiras, contas organizadas e total ausência de dívidas.

Do ponto de vista de um profissional de educação financeira – é o meu caso –, é impensável e inconcebível uma pessoa ficar "numa boa" com uma vida financeira bagunçada, sem reservas para situações de emergência e, pior ainda, com dívidas. Porém, neste momento, não vou fazer qualquer julgamento. Se você é assim (e está bem com isso), então vai fundo e seja feliz. Só depois não diga que não avisei... Mas certifique-se de que seu cônjuge ou parceiro também compartilha de sua visão, pois não há nada pior e mais difícil de resolver do que uma situação familiar em que tem um "maluco" de um lado, que gasta o dinheiro como se não houvesse amanhã e não está nem aí para o futuro, e do outro há uma pessoa contida, disciplinada e preocupada por não estar preparada em caso de imprevistos.

Se você gosta de gastar e viver o hoje, procure se relacionar com alguém que tenha a mesma visão. Se você é uma pessoa que tem ambições, uma visão de longo prazo ou, simplesmente, quer evoluir nos âmbitos profissional e financeiro, procure alguém com personalidade similar. Essa conversa de "os opostos se atraem" pode funcionar bem no magnetismo, mas na família costuma dar dor de cabeça lá na frente...

E lembre-se que todas as formas de lidar com o dinheiro têm vantagens, desvantagens... e consequências!

ENGAJAMENTO E RESPONSABILIDADE

Bem, como foi comentado, o ideal é que as regras básicas da gestão financeira familiar sejam discutidas antes de aquele relacionamento virar, de fato, uma família. Porém, na vida real, isso raramente acontece, e é preciso acomodar (ou pelo menos tentar) personalidades financeiras conflitantes depois que a família já se formou.

A melhor forma de tentar equilibrar as coisas é com o bom e velho diálogo. Os cônjuges procuram expor melhor suas expectativas e o que poderiam fazer para dar um mínimo de estabilidade financeira à família.

Isso é particularmente importante naqueles momentos de crise, em que as finanças da família estão no buraco e é preciso fazer cortes e sacrifícios. Porém, às vezes nem mesmo o diálogo resolve, e a coisa pode acabar caminhando para uma ruptura (ou, então, uma vida em conjunto longa e insuportável).

Eu costumo dizer que uma família deve ser gerida da forma como se gere um negócio. É uma visão controversa e até um pouco polêmica – algumas pessoas ficam aborrecidas com aquilo que entendem ser uma visão materialista e que vai contra a ideia de pureza da família. Porém, devo informar que a família é, de fato, um negócio. Tanto que o casamento (o ato formal que constitui a família) tem um contrato... Se não fosse um negócio, não precisaria de um contrato e de legislação estabelecendo as regras.

Se a família é, então, um negócio, nada melhor que cuidar dela usando as melhores práticas de gestão das organizações bem-sucedidas.

Numa família, às vezes acontece de um dos membros ter uma maior facilidade com a gestão financeira, e essa pessoa pode se responsabilizar pelo comando das finanças. Acaba sendo uma espécie de gerente financeiro da família. Mas o planejamento estratégico da família deve ser feito (e acompanhado) por todos os membros.

Não se deve, simplesmente, largar a vida financeira da família nas mãos de um dos membros – assim como uma empresa não larga as decisões financeiras importantes nas mãos de um único gestor. A estratégia geral da empresa é definida pelos sócios e pelos executivos, e um ou mais executivos ficam responsáveis, como o nome sugere, pela execução da estratégia e por prestar contas daquilo que foi feito.

Uma sugestão, inclusive, é que a família faça uma "reunião financeira" uma vez por mês, com o objetivo de analisar e revisar as finanças: aquilo que se ganhou, que se gastou, as decisões de investimento e quais os ajustes que deverão ser feitos. E essa reunião deve ser APENAS para falar sobre as finanças da família. Não é o momento para assuntos paralelos e "lavação de roupa suja".

A condução da gestão financeira no dia a dia pode ficar concentrada nas mãos de um único membro da família, mas a responsabilidade pelas decisões é de todos.

EDUCAÇÃO FINANCEIRA DOS FILHOS

Obviamente que filhos pequenos não vão participar de decisões financeiras e nem ser educados para serem pequenos banqueiros (a não ser que eles revelem algum talento precoce). Porém, é responsabilidade dos pais definir as regras e educar os filhos financeiramente para que aprendam, o mais rapidamente possível, que dinheiro não dá em árvores.

Um tema que vem sendo muito discutido ultimamente é a educação financeira nas escolas. Escolas tanto públicas quanto privadas vêm, de alguma forma, expondo os alunos a assuntos financeiros, sejam eles inseridos dentro de outras matérias (como matemática) ou por meio de conteúdo específico de educação financeira. Porém, é preciso ter em mente que a influência da escola tem seus limites, e essas iniciativas de educação financeira têm grande chance de não terem sucesso se a família não fizer o seu papel.

De nada adianta a criança aprender na escola sobre consumo consciente se, ao chegar em casa, vê o pai querendo gastar aquilo que não tem para comprar uma televisão gigantesca e de altíssima definição para assistir futebol. Sem dar bons exemplos dentro de casa, as coisas não vão andar.

E, muito importante: é preciso educar financeiramente os filhos, mas também é preciso mantê-los em contato com a realidade, sem os isolar do mundo por causa de influências e tentações de consumo.

Querendo ou não, o consumo acaba sendo um fator determinante na formação da identidade, e em algum momento os filhos vão querer algumas coisas (como roupas, brinquedos e objetos) para ficarem em conformidade com o grupo social deles. Então não tem escapatória. Será preciso ceder, até para que os filhos não se tornem párias entre as outras crianças; porém, estabeleça regras e limites para isso.

PENSANDO DE FORMA TÁTICA

Praticamente tudo o que foi falado neste capítulo diz respeito à organização financeira do ponto de vista mais estratégico – de como as coisas deveriam ser. Porém, quando a situação financeira está realmente bagunçada, o que prevalece é a visão "tática" – a visão de fazer o que tem que ser feito para resolver as coisas rapidamente. Para pensar em coisas estratégicas é preciso, antes de tudo, sobreviver...

Nos momentos de caos e crise, a tal reunião financeira mensal proposta anteriormente vira uma reunião de guerra, na qual é preciso definir, de forma rápida e sem hesitações, quais são os cortes e sacrifícios que deverão ser feitos e como se vai obter mais dinheiro.

A resistência a esses sacrifícios tende a ser grande; afinal, todo mundo gosta de cortar na carne dos outros, mas não na própria. Outras vezes a resistência pode não se manifestar naquele momento, e a família concorda, passivamente, com todas as propostas de sacrifício. Mas, na hora de executar, vão deixar de cumprir o combinado, sabotando o plano de reorganização financeira.

Esse é um caso em que se deixa de ter um problema financeiro e se passa a ter um problema de liderança. Às vezes, pode ser necessário tomar medidas extremamente dolorosas, impopulares e que vão gerar muitos protestos, como cancelar contas-correntes, cartões de crédito e limitar na marra os gastos das pessoas. Porém, tenha em mente que é para o próprio bem da família.

Com filhos, às vezes é preciso tomar medidas drásticas, que geram grande estresse e ressentimento no curto prazo – mas no longo prazo eles agradecerão aos pais por terem sido duros naquele momento. Com a família em crise financeira é a mesma coisa. Às vezes é preciso dar um chacoalhão. A dor e a frustração são coisas superáveis – já a falência (financeira, pessoal e familiar) pode não ser tão fácil de superar.

CAPÍTULO 9

RENDA – A ENERGIA VITAL

Sem renda, não tem jogo. A renda é o oxigênio das finanças – a energia vital.

Todas as dicas do Universo sobre como poupar dinheiro e economizar nas coisas do dia a dia só vão retardar a sua falência se você não tiver renda. Quando você não tem renda, se esforçar para reduzir gastos e economizar significa a diferença entre quebrar agora e quebrar mais tarde.

Mesmo todas as dicas e conhecimentos sobre investimentos convencionais (aqueles do mercado financeiro que são acessíveis ao investidor comum) vão ser de pouca valia se você não tiver renda (ou, na ausência de renda, um patrimônio razoavelmente grande que possa ser investido).

Porém, dizer que economizar e investir dinheiro não vai ajudar muito (caso não se tenha renda) não significa dizer que essas coisas não sejam importantes. Quando uma pessoa perde sua fonte de renda principal (o salário, por exemplo), é preciso tomar uma série de medidas para esticar o dinheiro, até que se consiga obter uma nova fonte de renda.

Porém, há um limite para esse esticamento. Em algum momento ele vai acabar, e se a pessoa não conseguiu restabelecer a renda até lá, então teremos uma típica situação de falência (ressaltando que, aqui, estou falando em "falência" no sentido metafórico, e não na falência judicial que acontece com empresas).

Então, providências como formar uma reserva de emergências (algo que deve ser feito ANTES de se perder a renda) e reduzir drasticamente gastos (após perder a fonte de renda ou quando sentir que está na iminência de perdê-la) são coisas que fazemos para termos um fôlego adicional, que nos dê mais tempo para achar uma fonte de renda satisfatória. Mas simplesmente não dá para se viver sem renda por tempo indeterminado.

OS TIPOS DE RENDA

Basicamente existem dois tipos de renda. O primeiro tipo é a renda oriunda do trabalho. É a contrapartida de algo que fazemos. "Trabalho" é algo que fazemos e pelo qual somos remunerados. Então, trabalhar é algo que exige, de forma literal ou figurada, que levantemos o traseiro da cadeira e façamos alguma coisa.

As rendas originárias do trabalho podem ser o salário e os benefícios (no caso de profissionais assalariados), os honorários dos profissionais liberais, as comissões de profissionais comissionados (como vendedores) e o pró-labore dos empresários (que representa a parcela de trabalho deles), entre outros.

O segundo tipo de renda é a renda oriunda do patrimônio. O patrimônio é aquilo que nós temos, que pertence a nós e que gera renda pelo simples fato de existir. Patrimônio é aquilo que gera a tão sonhada e desejada renda passiva. Quando temos patrimônio, não precisamos trabalhar para que ele gere renda – a renda é gerada de forma praticamente espontânea. Basicamente, o que precisamos fazer é tomar conta do patrimônio e deixar que ele vá gerando dinheiro.

Alguns exemplos de patrimônio são títulos financeiros de renda fixa que pagam juros, ações que geram dividendos, imóveis que geram aluguéis, ativos diversos que se valorizam e podem gerar ganhos de capital, royalties sobre patrimônio intelectual e empresas de capital fechado que distribuem lucro (a parte "capital" recebida por um empresário, em oposição à parte "trabalho" representada pelo pró-labore), entre outros.

Qualquer fonte de renda, lícita ou ilícita, moral ou imoral, pode ser enquadrada em uma dessas duas categorias: trabalho e patrimônio.

Algumas pessoas têm a felicidade de ter um patrimônio suficientemente grande capaz de gerar toda a renda de que precisam. Essas pessoas são aquelas que, podemos dizer, atingiram uma situação de total autonomia financeira. Elas trabalham se quiserem, e mesmo quando trabalham o fazem muito mais por um projeto pessoal (ou objetivo de vida) do que para pagar as contas.

O patrimônio é construído com a renda do trabalho. Das pessoas que chegaram a essa situação de autonomia financeira plena, algumas trabalharam para construir o próprio patrimônio, enquanto outras simplesmente tiveram a sorte de nascer na família certa, onde gerações anteriores já fizeram o trabalho duro.

Existem milhões de pessoas, no mundo todo, com um patrimônio grande e que só precisam trabalhar se quiserem. Porém, num mundo com uma população de alguns BILHÕES, esses afortunados acabam representando uma minoria ínfima.

A esmagadora maioria das pessoas, no mundo todo, precisa trabalhar para obter renda. Algumas pessoas têm algum patrimônio – não grande o suficiente para poder, efetivamente, viver dele, mas que pode crescer e, quem sabe, um dia proporcionar uma liberdade financeira plena. E uma parcela significativa da população não tem nenhum patrimônio ou, pior que isso, tem patrimônio negativo (com dívidas que superam o valor dos ativos).

A IMPORTÂNCIA DE PROTEGER A FONTE DE RENDA

Se você está lendo este livro, eu suponho que faça parte daquele grupo maior de pessoas que precisa trabalhar para viver (este livro não foi concebido para um público de pessoas ricas, mas de repente posso acabar tendo uma surpresa!). Assim, a sua maior preocupação deve ser com a chamada "empregabilidade".

"Empregabilidade" é um termo associado a "emprego". É o conjunto de características e condições que permite a uma pessoa se colocar (ou recolocar) no mercado de trabalho. Quanto mais facilidade você tem de se inserir no mercado de trabalho, mais empregável será.

Porém, vamos expandir o conceito para além do emprego convencional. Existe também "empregabilidade" para profissionais liberais, autônomos e empreendedores.

Quando você não tem um empregador formal, o seu "empregador" é o seu cliente, e ele é que vai determinar o seu grau de empregabilidade.

Como definir a empregabilidade? Se você perguntar para 10 profissionais de recursos humanos e de desenvolvimento profissional, provavelmente ouvirá 10 respostas diferentes.

Mas vamos tentar definir quais seriam as características de uma pessoa empregável.

A primeira (e talvez a principal) é a "não obsolescência". A economia atual é muito dinâmica, e pessoas empregáveis são pessoas que não se permitem ficar obsoletas. Às vezes, um profissional passa, simplesmente, a estar na contramão do mercado, surfando a onda errada. Aquelas habilidades e conhecimentos adquiridos ao longo da carreira perdem o valor e a pessoa perde a relevância.

Isso pode acontecer por mudanças estruturais na economia (que fazem com que alguns modelos de negócio fiquem inviáveis) ou por puro desleixo com o desenvolvimento profissional. Quem não conhece aquela pessoa que terminou a faculdade e, daquele momento em diante, age como se o mundo tivesse parado no tempo?

De qualquer forma, a pessoa precisa ficar antenada na própria relevância profissional e nas movimentações da economia, para não ser pega pela armadilha da obsolescência. Atividades e modelos de negócio não costumam ficar obsoletos da noite para o dia, e com frequência o mercado emite sinais de que algo está para acontecer (como alguma inovação tecnológica que começa a ganhar mais espaço). É obrigação do profissional ficar de olho nesses movimentos e se adequar às novas realidades.

A segunda característica do profissional empregável é a rede de contatos – o famoso *network* –, algo que é frequentemente negligenciado e deixado para depois. Só que *network* não é algo que se deixa para depois. Ele é como um seguro: a gente faz ANTES de precisar dele. Aqueles que resolvem fazer o *network* apenas quando estão precisando arrumar trabalho acabam, na maioria das vezes, se colocando na situação de pessoas que estão querendo obter algo a troco de nada. Acabam entrando em roubadas e se juntando a gente de baixa qualidade.

Ser "empregável" é, então, a melhor forma de proteger sua fonte de renda. Ao ser empregável você tanto protege sua fonte de renda atual (afinal, empregadores e clientes preferem abrir mão de profissionais obsoletos e isolados do que aqueles que estão atualizados e no jogo) quanto aumenta suas chances de se recolocar, rapidamente, caso perca em definitivo a fonte de renda.

OS OVOS E AS CESTAS

A empregabilidade protege a renda de duas formas: a primeira é, simplesmente, evitar a interrupção da renda, diminuindo o risco de a pessoa perder, subitamente, seu emprego ou atividade geradora de renda devido a um fator extrínseco; a segunda é facilitar a obtenção de uma nova fonte de renda, encurtando, assim, o período em que se fica sem ganhar dinheiro caso o risco torne-se um fato consumado.

Mas há ainda outra possibilidade de proteção da renda: a diversificação. O mesmo conceito de diversificação que se usa nos investimentos (traduzido pelo ditado popular "não colocar todos os ovos na mesma cesta") pode ser aplicado às fontes de renda profissional.

As pessoas podem (e devem) desenvolver fontes de renda alternativas – especialmente aquelas que têm um emprego "convencional" e que, por causa disso, estão mais sujeitas a um evento de cessação súbita da renda.

Numa atividade autônoma ou empresarial, muitas vezes a perda de renda vai acontecendo de forma gradual, com clientes indo embora progressivamente. Mas quando se tem um emprego, num dia está tudo bem e, no dia seguinte, o seu cartão de acesso não libera mais sua entrada na empresa e você encontra alguém da área de recursos humanos o esperando na recepção, com uma caixa com todos os objetos pessoais que estavam na sua mesa...

Quando a pessoa tem outras fontes de renda, esse impacto é minimizado e a pessoa não fica, de forma abrupta, desprovida de renda.

Desenvolver fontes de renda alternativas é uma coisa que deve ser tratada como uma estratégia de longo prazo para gestão de riscos. Às vezes o desenvolvimento dessas fontes de renda pode envolver outros membros da família – por exemplo, quando uma pessoa tem um emprego e quer começar um negócio próprio, mas coloca o cônjuge para tocar o negócio até ele andar com suas próprias pernas.

Em outros casos, as fontes de renda alternativas serão desenvolvidas, mas não acionadas. A pessoa pode ter um emprego que exija um grande comprometimento de tempo e de energia; ela não vai conseguir fazer uma atividade em paralelo, mas já precisa ficar com tudo esquematizado para começar imediatamente, no caso de algum imprevisto.

E tem situações em que a pessoa simplesmente vai fazer várias atividades simultaneamente. Um caso comum é da pessoa que tem uma carreira técnica ou executiva numa empresa e, em paralelo, uma atividade acadêmica. Raramente a atividade acadêmica vai dar uma renda que consiga compensar, integralmente, aquilo que se deixa de ganhar quando se perde o emprego, mas certamente ajuda a diminuir o impacto.

O ponto é que, nessa era de incertezas em que vivemos, não é uma coisa muito segura colocar seu destino financeiro nas mãos de um único empregador ou um único cliente, que pode, a qualquer momento, tomar uma decisão com potencial de criar um verdadeiro caos financeiro em sua vida e na vida de sua família.

QUANDO É PRECISO "SE VIRAR"

Tanto o desenvolvimento da empregabilidade quanto o das fontes de renda alternativas são coisas de natureza mais estratégica, que não podem ser feitas de forma leviana nem de uma hora para outra.

Porém, o que fazer quando o evento de perda de renda aconteceu e você não tinha se preparado para nenhuma dessas duas coisas?

Essa é uma circunstância ruim, e que pode se agravar rapidamente à medida que o tempo passa. Às vezes as pessoas perdem a fonte de renda sem ter empregabilidade, sem ter fontes de renda alternativa e, pior que isso, sem ter qualquer reserva financeira que dê algum fôlego para buscar outra fonte.

Em circunstâncias assim, muitas vezes a pessoa acaba tendo que se sujeitar a coisas que, conforme o ponto de vista, podem ser consideradas degradantes e humilhantes, como um executivo ou técnico especializado tendo que fazer algum tipo de trabalho que, em outras circunstâncias, jamais faria.

Situações assim acabam sendo uma oportunidade de aprender, ainda que à força, a administrar o próprio ego. A vaidade fica de lado e a vida passa a ser pautada pelo pragmatismo.

Apenas tenha em mente que, se a renda cessar e se não tiver reservas financeiras (ou a perspectiva de se recolocar rapidamente), é preciso agir o quanto antes para restabelecer um fluxo financeiro.

A renda é a energia vital das finanças. Quando você fica sem renda, é como se o coração parasse de bater. Você passa a rumar, de forma inequívoca, para uma situação de falência financeira e pessoal.

E lembre-se que é mais fácil recuperar o orgulho ferido do que uma vida falida.

CAPÍTULO 10

O CAMINHO PARA O ENRIQUECIMENTO

A promessa deste livro não é fazer de você uma pessoa rica. Aliás, este livro não faz NENHUMA promessa. Ele apenas vai lhe dar informações, *insights* e um roteiro estruturado para que VOCÊ possa consertar de vez a sua vida e obter a liberdade financeira ("autoajuda", lembra?). Então não sou eu quem tem que fazer promessas – você é que precisa prometer a si mesmo que vai se tirar do buraco e se colocar no caminho do enriquecimento.

Porém, uma coisa eu posso prometer. Algo que, aliás, não é nem uma promessa minha, e sim da educação financeira: se você fizer o que este livro propõe, você será uma pessoa mais livre e mais autônoma. E, eventualmente, poderá até enriquecer!

Mas nunca perca de perspectiva que, salvo naqueles casos de pura sorte (como ganhar na loteria ou uma herança inesperada), o enriquecimento é a consequência de um processo. E não se deixe enganar por histórias de enriquecimento repentino, pois, como se diz por aí, "é preciso muito trabalho duro para fazer sucesso da noite para o dia".

Mas uma vez que você põe ordem nas finanças e coloca sua vida no rumo do enriquecimento, basicamente o que você precisa fazer é se manter nesse rumo.

O QUE É "RIQUEZA"?

Esta é uma daquelas perguntas que podem render horas e horas de masturbação mental e conversas de botequim. Poucas coisas são mais subjetivas que a ideia de "riqueza", por isso, é importante que você defina qual é o seu próprio conceito de riqueza para que possa se colocar no caminho certo.

Se você não sabe o que é riqueza (ou pelo menos não tem uma definição pessoal), não poderá se colocar no caminho dela.

Muitas pessoas (especialmente aquelas que não são ricas), quando perguntadas sobre o que é riqueza, dão respostas tão vagas que parecem que saíram de algum livrinho de filosofia pop. Coisas como "riqueza é ter saúde", "riqueza é ter uma família que viva em harmonia" etc.

Tudo bem, essas coisas até podem fazer parte de um conceito de riqueza mais amplo, entretanto, no contexto que estamos tratando aqui neste livro, quando tratarmos sobre riqueza falaremos sobre dinheiro (grana, *money*, cascalho, bufunfa), ok? Deixe a filosofia de biscoito chinês da sorte para algum outro momento.

Nós podemos começar a definir a riqueza por três perspectivas: estilo de vida, patrimônio e renda.

A definição da riqueza pelo estilo de vida é a mais popular. É inferir que uma pessoa é rica pelo tipo de vida que leva, pelos lugares que frequenta e pelos "brinquedos" que tem (carros, barcos, roupas sofisticadas etc.).

A definição da riqueza pelo patrimônio é estabelecer que "riqueza" significa ter acima de determinado valor em dinheiro e ativos (que podem ser financeiros ou não). Então, se para você rico é quem tem mais de 10 milhões de reais, você está definindo a riqueza pelo patrimônio.

A definição pela renda é associar "riqueza" a quanto a pessoa ganha, em média, em determinado intervalo de tempo (usualmente mensal ou anual). "Fulano ganha mais de 1 milhão de reais por ano" é uma forma de definir riqueza pela renda.

Das três formas de definir riqueza, a perspectiva do "estilo de vida" é, de longe, a mais frágil. Levar vida de rico sem ter uma renda ou um patrimônio que deem sustentação econômica às extravagâncias é um caminho certo para a ruína. E acredite, grande parte da riqueza que a gente vê exposta por aí não passa de aparências...

A riqueza pelo patrimônio já é uma coisa mais sólida. Inclusive, as famosas listas de "pessoas mais ricas do mundo" ou "pessoas mais ricas do Brasil" são, por padrão, baseadas em patrimônio. No caso dessas listas de "mais ricos", estima-se o patrimônio pelo valor de mercado de suas empresas (a maioria dos que participam dessas listas são empresários) e de seus bens pessoais.

A título de curiosidade: quando essas listas são feitas, algumas dessas pessoas muito ricas (e com ego proporcional) veem isso como uma competição e acabam fornecendo, voluntariamente, as informações financeiras e patrimoniais. A maioria dessas pessoas muito ricas tem uma postura mais discreta e acabam obrigando os autores das listas a fazerem investigações e estimativas – ou seja, grande parte do que você vê numa lista de "mais ricos" é puro chute.

Por fim, podemos falar da riqueza por meio da renda. Particularmente é a minha definição favorita. Eu sempre me preocupei muito mais com o "quanto eu ganho" do que com o "quanto eu tenho". Até porque a renda (se bem administrada) acaba construindo patrimônio, enquanto o patrimônio não necessariamente gera renda.

Então, o primeiro passo para que você tenha o seu conceito pessoal de riqueza é saber como você quer definir essa riqueza. Eu recomendo, fortemente, que você defina o que é riqueza para você em termos de patrimônio ou renda (ou talvez as duas coisas). Deixe que o estilo de vida seja uma consequência natural de seu sucesso, emanando naturalmente de sua renda ou patrimônio de forma fluida e sustentável.

E aí sim você pode começar a pensar em valores. Mas pense nos SEUS termos. Esqueça rótulos e definições de terceiros, como veículos de mídia, institutos de pesquisa e instituições financeiras, que gostam de dizer que "rico é quem tem mais de X milhões". Não olhe para o lado – olhe apenas para você. Qual é o valor que faz VOCÊ se sentir uma pessoa rica?

Se você medir sua riqueza comparando com a de outras pessoas, vai se condenar a uma vida de frustração. Não importa o quão rico você se torne, sempre vai ter alguém com um iate maior do que o seu.

Defina o seu valor – seja em termos de renda ou de patrimônio. Mas que seja SEU valor, e não dos outros.

LONGE OU PERTO?

Uma coisa interessante de definir e começar a quantificar a riqueza é começar a ver que, muitas vezes, a vida dos seus sonhos não está tão longe quanto você imagina.

Muitas pessoas veem a riqueza como inalcançável, pois adotaram uma definição de riqueza que não é delas. Se sua definição de riqueza é "estar na lista dos bilionários da Forbes", as coisas podem ficar realmente complicadas...

Agora, se a sua definição for algo como "viver bem, com conforto, fazendo o que eu gosto, ocasionalmente fazendo alguma extravagância e não tendo muita encheção de saco" (o exemplo foi intencionalmente vago), talvez você descubra que a riqueza não é um sonho impossível. Pelo contrário, ela pode até estar próxima, e sua vida precisa apenas de uns ajustes para chegar lá.

Outro exercício mental interessante e complementar à definição e à quantificação da riqueza é pensar no estilo de vida desejado. Esta é a hora certa de pensar nesse assunto. Muito importante: novamente, não olhe para o lado e pense no estilo de vida que VOCÊ quer. Esqueça o estilo de vida dos ricos e famosos. Esqueça aquilo que você ouviu ou aquilo que você acredita sobre como é a vida das pessoas ricas.

Se você quer ter uma Ferrari, vá fundo e compre uma Ferrari (se já estiver na situação de poder comprar uma, naturalmente). Mas se você quer ter o carro porque acha que pessoas ricas e bem-sucedidas devem ter um carro assim, reveja seus conceitos. Lembre-se de que você vai ser uma pessoa rica e bem-sucedida NOS SEUS TERMOS.

Mais importante do que ser uma pessoa rica é ser uma pessoa LIVRE. E você nunca será verdadeiramente livre se ficar se submetendo àquilo que outras pessoas acham que você deveria ser e fazer.

A propósito, caso você queira comprar uma Ferrari, pergunte-se se é isso que você realmente quer fazer. Alugar uma Ferrari por alguns dias na Califórnia ou na Espanha é algo bastante caro, porém é infinitamente mais barato e acessível do que comprar a dita cuja (e pode proporcionar a experiência que você quer ter). Saiba se o que você quer, no fim das contas, é "usufruir" ou "possuir" – talvez você descubra que a vida dos seus sonhos pode ser algo BEM mais realista e próximo do que você imaginava.

COMO SE COLOCAR NO CAMINHO DO ENRIQUECIMENTO

Vamos deixar uma coisa bem clara: se colocar no caminho do enriquecimento não significa que você vai enriquecer. Eventualmente você enriquecerá se conseguir ganhar mais dinheiro, cuidar direitinho de suas finanças e não fizer nenhuma bobagem muito grande.

Mas existe um caminho que é, de certa forma, um caminho único, e este se sujeita àquela inexorável regrinha matemática que tantas vezes foi comentada neste livro: dinheiro entra – dinheiro sai. Se gastar mais do que ganha, vai faltar. Se gastar menos do que ganha, vai sobrar.

Aquilo que se faz para consertar uma vida financeira caótica e "sair das dívidas" (a partir desse ponto sempre entre aspas, pois já sabemos que não somos nós que saímos das dívidas, e sim elas que saem de nós) é a mesma coisa que se faz para enriquecer. Tudo é uma questão de seguir o processo e dar tempo ao tempo.

Para organizar a vida financeira (e "se livrar das dívidas"), você precisa gastar menos do que ganha (até para que sobre dinheiro para pagar as dívidas). Se, após zerar o endividamento, você continuar vivendo nesse estado de desequilíbrio financeiro positivo (sobrando dinheiro), inevitavelmente vai ter um patrimônio.

Ou seja, após sair do buraco, basta continuar fazendo aquilo que você fez para sair do buraco – talvez não mais com tanto sacrifício, mas também sem amolecer – que o resultado, lógico e objetivo, vai ser riqueza material.

Quanto à renda, um patrimônio maior favorece o aumento da renda. Afinal, ter mais dinheiro significa poder investir, seja em ativos, negócios ou conhecimentos profissionais que poderão virar mais dinheiro entrando.

Vamos então, baseados naquilo que vimos até agora, ver quais seriam os passos para se colocar no caminho de uma vida financeira mais organizada e saudável (que, lembrando, é o mesmo caminho do enriquecimento se prosseguirmos nele).

ASSUMA A RESPONSABILIDADE

Lembre-se que sua situação atual é sua responsabilidade (ainda que não seja sua culpa). Se você acha que está numa situação caótica por culpa de outra pessoa, reflita que, por alguma razão, você permitiu que isso acontecesse.

"Coitadismo" e autocomiseração não vão ajudá-lo muito nesse momento. Então assuma a responsabilidade por seu estado atual e, MUITO mais importante, assuma a responsabilidade por seu estado futuro. Daqui para a frente é com você.

Se alguém ajudar, ótimo, mas não conte com isso.

Identifique seu fator gerador de pobreza

Neste livro, falamos que o endividamento é uma consequência de não ter dinheiro. Também falamos que as pessoas que não têm dinheiro sofrem de um destes dois problemas:

1) São pobres.
2) Têm patrimônio, mas não têm liquidez (dinheiro disponível).

Se o seu caso é o 2, seu problema é de planejamento financeiro. Então, ORGANIZE SUAS FINANÇAS!

Agora, se é o número 1, lembre-se que pobreza é uma realidade financeira objetiva (e não um estilo de vida).

Os fatores responsáveis pela pobreza (já comentados aqui no livro) são:

- Nascer pobre (e não fazer nada a respeito).
- Renda insuficiente (ou inexistente).
- Padrão de consumo incompatível com o nível de renda.
- Gerenciamento de riscos deficiente.

Qual é o seu? Talvez você tenha mais de um. Identifique o que o está colocando na situação de endividamento e foque seu esforço na doença (e não no sintoma).

Crie um desequilíbrio financeiro positivo

Dinheiro entra – dinheiro sai. Se sair mais do que entra, vai faltar. Se sair menos do que entra, vai sobrar.

Preciso explicar mais uma vez? FAÇA SOBRAR DINHEIRO.

Use alguma ferramenta para conseguir enxergar seu fluxo financeiro de maneira mais clara (como a planilha sugerida no Capítulo 6) e identifique oportunidades de redução ou corte de despesas.

No curto prazo, a única maneira de criar esse desequilíbrio é cortando despesas, pois é onde temos controle. A receita não é algo que esteja sob nosso controle; porém, em um prazo maior, podemos adotar medidas e atitudes que gerarão mais receitas, deixando o fluxo financeiro mais "folgado".

Cuide de suas dívidas

Faça um inventário das suas dívidas. Faça uma lista com os nomes dos credores, os valores, os prazos e as taxas. Coloque também, em seu inventário, se as dívidas estão em atraso ou dentro do prazo.

Uma vez que você tenha um desequilíbrio financeiro positivo e saiba quanto dinheiro poderá (com segurança) dispor por mês para pagar dívidas, defina aquilo que vai ser pago.

Os candidatos mais óbvios são aquelas dívidas com taxas de juros mais altas e dívidas de pequeno valor, que você pode rapidamente eliminar de sua lista. Isso permite ir riscando algumas linhas no seu inventário de dívidas e dá um alívio psicológico importante.

Para aquelas dívidas de maior valor, procure os credores e proponha uma renegociação. Mas lembre-se: só parta para essa etapa quando tiver total segurança de que vai conseguir se comprometer. Não prossiga enquanto não tiver um desequilíbrio financeiro positivo e não souber de quanto será essa sobra.

E, durante todo o processo, evite fugir dos credores. Lembre-se que muitas vezes eles estão mais preocupados em não serem feitos de idiotas do que em receber o dinheiro.

Trate seu credor com respeito. Se o credor não o tratar com o mesmo respeito e reverência, coloque-se na situação dele e releve. Porém, se o credor ultrapassar os limites do desrespeito ou adotar atitudes abusivas e intimidatórias, busque ajuda profissional e bata de volta!

"Enxague e repita"

Uma vez que você consiga controlar as finanças e reduzir as dívidas, mantenha aquilo que estiver fazendo até a eliminação total ou, pelo menos, líquidação de dívidas de consumo (que são as mais caras e perniciosas).

Lembre-se que as dívidas de longo prazo e custos mais baixos (como o financiamento imobiliário) são toleráveis (ainda que não sejam "dívidas boas").

Quando estiver sem dívidas, você poderá, enfim, aliviar um pouco e curtir mais a vida. Porém, cuidado para não aliviar demais e cair na mesma situação novamente.

Continue fazendo aquilo que estava fazendo para sair das dívidas. Faça do "desequilíbrio financeiro positivo" um hábito e uma diretriz de vida. Continue controlando gastos, buscando melhorar (ou diversificar) suas fontes de renda e formando patrimônio. Apenas não faça de forma tão intensa a ponto de prejudicar sua qualidade de vida (e de sua família).

O enriquecimento (e a tão sonhada liberdade financeira) é a próxima parada nesse caminho.

…
CAPÍTULO 11

COMO SER À PROVA DE CRISES

Assim como nós podemos definir a riqueza pela renda ou pelo patrimônio (a essa altura do campeonato, espero que você já tenha desistido, em definitivo, de definir riqueza pelo "estilo de vida"), em um contexto de finanças pessoais nós também podemos definir os principais riscos financeiros como "riscos sobre a renda" e "riscos sobre o patrimônio".

As crises financeiras são causadas por eventos que geram algum tipo de impacto negativo no patrimônio ou no fluxo de renda. Esses eventos são, em grande parte das vezes, externos, e não há muito que fazer para evitá-los. A única forma realmente efetiva de evitar um evento negativo é não estando lá quando ele acontece. Porém, nós sempre precisamos estar em algum lugar, e nenhum será 100% seguro.

Quando o evento negativo acontece e estamos lá, tudo vai depender de como vamos absorver o impacto. Assim, tomar medidas com o intuito de proteger renda e patrimônio é o que pode, realisticamente falando, ser feito.

Alguns riscos são evitáveis, enquanto outros nos pegam de qualquer jeito. E tudo o que nos resta, é tentar remediar a situação. Por isso que se usa a expressão "gerenciamento de riscos" para essas medidas de controle, pois não se consegue, simplesmente, evitar todos os riscos.

PROTEGENDO A RENDA

Empregabilidade

Aqui não temos nenhuma novidade. Já falamos sobre a empregabilidade anteriormente: o conjunto de qualidades, conhecimentos e atitudes que faz com que sejamos demandados no mercado de trabalho.

Quanto mais empregáveis somos, mais teremos segurança em nossas atuais posições e mais teremos chances de nos recolocar rapidamente em caso de perda da nossa fonte de renda profissional.

Múltiplas fontes de renda

Mais um tema que já foi abordado anteriormente. Ter uma dependência excessiva de uma única fonte de renda, uma única atividade, um único empregador ou um único cliente é um risco por si só.

A renda é algo sobre o qual temos pouquíssimo controle, pois ela sempre vem de um terceiro, como um empregador ou um cliente. Mesmo a renda do patrimônio também depende, de uma forma ou de outra, de terceiros – se você tem ações de uma empresa, ela precisa dar lucro; se você tem um imóvel alugado, o inquilino precisa pagar em dia.

Então buscamos múltiplas fontes de renda para tentar amortecer o impacto no caso de perda de uma das fontes.

Naturalmente, pode acontecer um azar daqueles e você perder mais de uma fonte de renda ao mesmo tempo. Para aumentar a segurança nesse caso, o interessante é também procurar fazer com que essas fontes de renda não sejam positivamente correlacionadas; ou seja, que não sejam afetadas do mesmo jeito por algum fator externo.

Um exemplo ingênuo do que eu escrevi: imagine que você é um técnico especializado na manutenção de determinado equipamento. Você tem um emprego numa oficina (que paga um salário) e, em paralelo, faz manutenção em outros aparelhos por fora, para os seus próprios clientes.

Para não dar confusão, vamos assumir que não há nenhum conflito aqui e que haja total transparência com o empregador, então não haveria nenhum problema ético. Veja que temos uma situação interessante, pois são duas fontes de renda. Se você perder o emprego, ainda vai ter a sua carteira de clientes para continuar atendendo.

Mas e se o tal equipamento fica, de uma hora para a outra, totalmente obsoleto e virtualmente deixa de existir? Nesse caso, você perdeu as duas fontes de renda ao mesmo tempo. Isso é o que acontece quando as fontes de renda são positivamente correlacionadas – ou seja, um evento negativo que afeta uma delas afeta a todas na mesma proporção.

Nesse cenário, ter duas fontes de renda lhe dá uma proteção parcial. Você teria uma proteção melhor se essas fontes de renda fossem negativamente correlacionadas – quando uma vai bem, a outra vai mal – ou, melhor ainda, se fossem sem qualquer tipo de correlação.

Essa busca da "descorrelação" é exatamente o que se faz no mercado financeiro quando se constrói uma carteira de investimentos. É o que deveríamos buscar ao diversificar as fontes de renda.

Quanto mais as fontes de renda forem independentes umas das outras, mais segurança você terá.

Reserva de emergência

Um dos temas mais discutidos no mundo das finanças pessoais é a necessidade de se ter uma reserva de emergência (ou "de liquidez") para eventos imprevistos.

Os eventos imprevistos podem ser de qualquer natureza, mas talvez os mais impactantes são aqueles associados à perda da renda.

Inclusive, é comum os especialistas em finanças pessoais e educação financeira definirem o tamanho ideal da reserva de emergência em tempo, e não em valor. Uma recomendação comum é dizer que a reserva de emergência deve ser o equivalente a um ano dos seus gastos em circunstâncias normais.

Veja que não se falou nada sobre valores. Então, se seus gastos mensais são "X", presume-se que a reserva ideal seria de "12 vezes X".

Ter uma reserva de emergência equivalente a um ano é um valor bastante coerente. Para a maioria das pessoas, um ano é um prazo razoável para se recolocar no mercado de trabalho (mesmo em situações de crise moderada). Então, uma reserva dessa magnitude seria uma coisa segura.

O valor dessa reserva também seria, de modo presumível, relevante o suficiente para dar cabo de outros imprevistos, como problemas de saúde e despesas inesperadas, que são problemas que podem lançar uma pessoa em um caminho de empobrecimento se não houver um "colchão de liquidez" (é aquele quarto fator – gerenciamento de riscos deficiente

– mencionado anteriormente algo que leva uma pessoa à pobreza).

Eu costumo dizer que a reserva de emergência é um seguro da dignidade pessoal, pois é aquele valor que lhe permitirá, em caso de algum imprevisto, não ter que se sujeitar a fazer qualquer coisa por dinheiro. Quem tem uma reserva de emergência poupa a si mesmo de ter que fazer coisas degradantes e que jamais aceitaria se não estivesse precisando desesperadamente de dinheiro.

A reserva de emergência é a primeira coisa com a qual a pessoa deve se preocupar após equalizar a questão do endividamento. É apenas após ter a reserva (idealmente com valor mínimo equivalente a um ano de despesas) que a pessoa deve começar a investir o dinheiro de forma mais agressiva, com a finalidade de construir um patrimônio. Ela é, sem dúvidas, uma parte do patrimônio; mas, por sua finalidade especial, ela deve ser tratada de uma forma diferente do resto do patrimônio. Ela deve ser investida (aliás, jamais devemos deixar dinheiro parado), mas esse investimento precisa seguir algumas regras, pois é um dinheiro que precisa estar disponível 24 horas por dia, 7 dias por semana – afinal, imprevistos não acontecem com hora marcada. Então, o dinheiro da reserva de emergência deve ser investido em instrumentos financeiros de renda fixa (títulos que pagam juros), de alta segurança e de alta liquidez.

Os instrumentos financeiros com essas características não costumam ser os mais rentáveis, no entanto a ideia não é ganhar dinheiro com a reserva de emergência, e sim manter seu valor. A reserva de emergência não deve ser usada, em nenhuma hipótese, para investimentos especulativos. É um dinheiro que precisa estar sempre disponível.

PROTEGENDO O PATRIMÔNIO

Diversificação de investimentos

Para aqueles que ainda estão às voltas com o endividamento ou ainda não conseguiram fazer uma reserva de emergência, a preocupação com os investimentos pode parecer algo muito distante, mas é importante já ir ganhando familiaridade com a diversificação e com a alocação de investimentos (a alocação é a irmã mais velha da diversificação).

A já mencionada diversificação das fontes de renda é uma derivação da diversificação dos investimentos. Então, tudo o que foi falado lá, vale aqui também.

O princípio básico é o mesmo da historinha da cesta de ovos: não colocar todos os ovos na mesma cesta (essa é a parte da diversificação). Mas, na prática, as coisas não são tão simples assim.

Os investimentos têm diferentes características de retorno potencial, de liquidez e de risco. O risco de alguns investimentos pode ser potencializado por certos eventos externos, enquanto outros investimentos podem, pelo contrário, ganhar com esses mesmos eventos.

Por isso que não basta diversificar: é preciso alocar o dinheiro em classes diferentes de investimentos. A alocação é a diversificação "no andar de cima" e está associada àquele conceito das correlações que vimos no capítulo sobre diversificação das fontes de renda.

Às vezes você pode ter uma boa diversificação de investimentos, mas eles são todos correlacionados. Então, quando um vai para o buraco, os outros vão junto. Se, por exemplo, você tiver 5 apartamentos para aluguel no mesmo bairro, seu patrimônio estará bem diversificado, mas não bem alocado.

A boa notícia é que o mercado financeiro está se sofisticando e ficando cada vez mais acessível ao pequeno investidor. É possível, hoje, investir em instrumentos financeiros de diferentes graus de sofisticação, tanto de renda fixa quanto de renda variável, com relativamente pouco dinheiro.

Então não há mais desculpa para não se investir o patrimônio de forma estratégica e bem diversificada. Mesmo aqueles que estão começando agora (e com pouco dinheiro) podem e DEVEM investir de forma diversificada.

Seguros

Os seguros são a ferramenta padrão para proteção patrimonial. Na verdade, o seguro não protege, e sim proporciona os meios para remediar a situação depois que o evento negativo aconteceu.

A principal função do seguro é nos permitir repor algum bem de alto valor que, em caso de dano ou perda (o "sinistro"), nós não conseguimos repor com nossos próprios recursos (ou pelo menos não conseguimos repor sem deixar as finanças numa situação de fragilidade).

E aqui já vai uma dica importante: seguro deve servir para riscos de ALTO valor. Bens tipicamente cobertos por seguro são: imóveis, automóveis, a saúde e a própria vida.

Fazer seguros para bens de baixo valor, como smartphones e bicicletas (a não ser que você seja ciclista profissional e tenha uma bicicleta tão sofisticada quanto um carro de Fórmula 1) é uma decisão financeiramente questionável. Se o seu smartphone é tão caro a ponto de você não conseguir repô-lo em caso de perda ou roubo, talvez ele não seja muito adequado para a sua realidade financeira.

Agora, quanto aos bens de alto valor, isso não se questiona. A não ser que você seja uma pessoa rica para quem comprar um carro é o mesmo que comprar uma peça de roupa, provavelmente será uma coisa adequada e sensata ter um seguro para o seu automóvel.

O mesmo vale para a sua casa, e muito mais para a sua saúde. A saúde tem uma característica peculiar, que é a brutal assimetria do risco. No caso de um evento negativo, o prejuízo é potencialmente infinito. Se roubam-lhe o carro, a sua perda máxima é o valor do carro, mas se você ou algum membro da família vai para a UTI de um hospital, ninguém sabe onde os gastos podem parar. Por isso, mesmo que sua situação financeira seja bastante confortável (assumindo que você não goste da ideia de ser usuário do sistema público de saúde), convém ter um seguro ou plano de saúde, pois o prejuízo, no caso de um evento negativo, é potencialmente ilimitado.

Seguros de vida são importantes quando ainda não se tem um patrimônio muito robusto e se tenha pessoas em situação de dependência financeira. Quem já tem um patrimônio razoável e não tem dependentes pode prescindir de um seguro de vida (ou ter um seguro de menor valor, apenas como ferramenta de planejamento sucessório).

No caso do seguro de vida, é importante definir qual o valor que deve ser segurado. Algumas pessoas têm uma tendência de fazer um seguro com um prêmio alto demais, achando que precisam deixar a família rica se morrerem. O ideal é que o seguro de vida dê um fôlego para aquelas pessoas dependentes de você alcançarem alguma autonomia, e não que proporcione uma aposentadoria milionária para elas.

Um seguro de vida tem custos (e não são baixos), então defina o valor da cobertura de forma coerente. E também não é uma coisa muito interessante se colocar numa situação em que você valha mais morto do que vivo. Afinal, vai que alguém da sua família comece a ter algumas ideias meio estranhas (eu, hein!).

# CAPÍTULO 12

EVITANDO ARMADILHAS

Entre profissionais de finanças e investidores mais experientes, é comum dizer que o mercado financeiro é dominado por duas emoções: o medo e a ganância.

Obviamente que é certo exagero afirmar que o mercado é movido por apenas duas emoções, mas nenhum profissional ou acadêmico de finanças minimamente atualizado com as novidades do campo descarta a influência dos fatores emocionais nas decisões financeiras.

O papel relevante das questões emocionais nas decisões financeiras faz com que muitas pessoas fiquem vulneráveis nas mãos de gente mal-intencionada e muito hábil em explorar as fraquezas alheias, especialmente aquelas associadas ao medo e à ganância.

EXPLORANDO O MEDO

O medo é a emoção dominante nas pessoas que estão numa situação de endividamento ou de fragilidade financeira. Algumas pessoas ficam bastante confortáveis com o endividamento (parece até uma segunda natureza), mas em geral o endividamento é uma situação que traz grande insegurança. Quem tem dívidas acaba tendo medo de sofrer consequências – de perder o crédito, a reputação e o respeito por si mesmo.

Mas, como diria o mestre Yoda, o medo é o caminho para o lado negro da força...

Quando estamos com medo, os predadores sentem isso. E no nosso contexto, os predadores são aquelas pessoas que estão oferecendo soluções mágicas para que você suma com suas dívidas ou obtenha mais crédito.

A "limpeza do nome"

No momento em que eu escrevo estas palavras, uma pesquisa simples em algum mecanismo de buscas na internet me retorna inúmeros resultados de serviços "milagrosos" prometendo limpar o nome e regularizar a situação de crédito – em alguns casos SEM precisar pagar as dívidas.

Acho que é desnecessário dizer que esse tipo de coisa não existe. Porém, ainda assim muita gente cai nesse tipo de golpe.

Aqui, a regra é clara: se estiver devendo, tem que pagar (ou fica com o nome sujo). Se após cinco anos a dívida não foi cobrada judicialmente, ocorre a prescrição e ela não pode mais ser cobrada (o que, como já foi comentado, não significa que a dívida deixa de existir).

Então não tem milagre nem mágica. As picaretagens, nesse caso, costumam vir na forma de supostos "serviços" e de cursos que se propõem a ensinar como "resolver a vida sem fazer força".

Alguns desses serviços se revelam golpes logo de cara. A pessoa incauta contrata o serviço e simplesmente fica a ver navios. Em outros casos, o "serviço", de fato, acontece, mas se baseia em manipulação de dados nos órgãos de proteção ao crédito por meio de canais privilegiados (um "amigo" que trabalha em um desses órgãos e tem acesso à base de dados) ou em promover processos judiciais frágeis e de má-fé.

O primeiro caso é fraude (e você corre o risco de virar cúmplice se cair nessa furada). O segundo caso costuma ser, na melhor das hipóteses, uma perda de tempo (e de mais dinheiro).

No caso dos cursos, a coisa é ainda mais bizarra. Já tive conhecimento de alguns desses cursos (geralmente *e-books* obscuros vendidos na internet) que chegam ao extremo de ensinar a adulterar documentos – o que é crime – para alegar que aquelas dívidas são irregulares ou inexistentes.

O "empréstimo fácil"

Você está com o nome negativado, com a reputação mais suja que pau de galinheiro, e de repente alguém lhe oferece um empréstimo salvador. Tudo o que você precisa fazer é um "pequeno depósito" para que se conclua algum procedimento burocrático (falso) essencial para que aquele empréstimo seja liberado.

Obviamente, esse valor acaba sendo perdido e você acaba um pouco mais pobre do que já estava (e com a autoestima destruída).

Esse golpe do empréstimo que exige um pagamento antecipado é muito similar ao mundialmente famoso "golpe nigeriano": aquele em que você recebe uma carta do príncipe sei-lá-de-que da Nigéria dizendo que tem 100 milhões de dólares presos em algum banco e que precisa que você faça um pagamento para liberar essa fortuna (da qual ele está disposto a dar uma parte significativa pela "ajuda").

Perder o crédito é uma situação complicada, porém tentar buscar atalhos para obter crédito adicional só vai deixar você numa situação ainda mais complicada.

Não caia na tentação do caminho fácil. Ponha ordem nas suas finanças e tente seguir um caminho como o proposto neste livro para que o endividamento suma de sua vida e conquiste a liberdade financeira. Pode não ser o caminho mais rápido, contudo é o caminho mais correto e mais seguro.

EXPLORANDO A GANÂNCIA

Se o medo é a emoção dominante de quem deve, a ganância é a emoção dominante daqueles que têm algum dinheiro sobrando e querem ganhar mais. E, para esses, também existem muitas armadilhas disfarçadas de oportunidades "incríveis".

Os golpes que se disfarçam de oportunidades de negócios ou de investimentos são tantos e tão variados que daria para escrever um livro inteiro só sobre eles.

Os mais comuns famosos são aqueles clássicos golpes de pirâmide (conhecidos como "esquemas Ponzi"). Pirâmides são aqueles esquemas que funcionam como um funil de dinheiro (a estrutura lembra o desenho de uma pirâmide – daí o nome), onde as pessoas colocam dinheiro na base (que seria a entrada do funil) e canalizam para quem está na ponta.

O problema é que é preciso sempre colocar mais gente na base da pirâmide (ou a entrada do funil). Esse tipo de esquema é crime (estelionato); por isso, a maioria dos promotores desses golpes acaba usando alguma transação comercial para dar lastro à operação.

Hoje em dia, a maior parte das pirâmides está apoiada em algum tipo de produto. E costuma ser fácil identificar uma pirâmide, ainda que os participantes esperneiem e neguem, dizendo que se trata de "modelo comercial revolucionário":

o produto comercializado é usado por muito pouca gente fora do esquema. Para quem é de fora, é quase invisível...

Para não ter que escrever um tratado sobre golpes financeiros (talvez fique para um próximo livro), vou colocar aqui algumas características comuns desses golpes e fraudes disfarçados de oportunidades de enriquecimento, para que você possa identificar rapidamente ao se deparar com eles.

Símbolos de riqueza

A comunicação visual desses esquemas é fortemente baseada na demonstração de símbolos de riqueza e de ostentação, como carros exóticos, iates, casas na praia e outras coisas que falam diretamente com os nossos instintos gananciosos. Imagens desses itens estão presentes de forma massiva em todos os materiais promocionais, como sites, e folhetos, bem como na decoração de eventos, palestras, reuniões e seminários.

Outra coisa comum desses esquemas é o uso de testemunhos ("eu morava debaixo da ponte e hoje tenho meu próprio iate"). Como esses esquemas dependem do fluxo constante de novas vítimas, se faz um jogo pesado para tentar persuadir as pessoas a entrarem. E aí vale tudo, até prometer um terreno no Céu...

Promessas de retornos irreais

Muitos desses golpes prometem retornos absolutamente absurdos, da ordem dos dois dígitos por mês ou mais.

Você tem ideia do que significa ganhar 10% ao mês? Já fez as contas? Dez mil reais aplicados a uma taxa de 10% ao mês viram 1 milhão de reais em pouco mais de quatro anos. Em pouco mais de dez anos vocês terá 1 BILHÃO de reais e, se mais alguns anos pela frente, talvez ganhe todo o dinheiro do mundo (literalmente).

Aí vem aquela pergunta que não quer calar: se uma pessoa tem a capacidade de obter, de forma consistente, ganhos dessa magnitude, por que ela precisaria do SEU dinheiro?

E nisso se baseia outra característica comum a esses golpes:

Apelos ao sobrenatural

Quando o vigarista que está perpetrando esse tipo de golpe é inquirido (raramente é, mas às vezes acontece) por alguém com a pergunta "por que você precisa do meu dinheiro?", a resposta é frequentemente atribuída a um fator sobrenatural.

Uma resposta comum é "Deus me deu esta bênção e fez de mim um homem rico, e agora me sinto obrigado a compartilhar esta bênção com o resto do mundo". Ok... sei.

Não sei se você é uma pessoa religiosa ou não, mas sempre tenha particular cuidado com aqueles que gostam de usar o nome de Deus em vão – ou, pior que isso, que usam o nome de Deus para encobrir esquemas criminosos.

VOCÊ É A PRESA

Então, esteja você na situação de pessoa endividada ou de potencial investidor, saiba que na selva das finanças é muito mais provável que você seja a caça, e não o caçador.

Proteja seu dinheiro (se você tiver), proteja sua reputação e proteja a sua dignidade. Pense criticamente, e sempre que surgir uma oportunidade boa demais, pergunte-se o que você tem de tão especial para ter acesso àquela coisa maravilhosa.

Por que alguém quer lhe dar um empréstimo em condições de alto risco ou oferecer um investimento que pode transformar você numa pessoa milionária do nada? Por que alguém se disporia a lhe ensinar "como ganhar na loteria" (caso essa pessoa tivesse a capacidade de ganhar)?

Golpistas são especialistas em fazer você acreditar que é "o escolhido". Certamente você é uma pessoa especial (se chegou até aqui neste livro, deve ser mesmo!), mas daí para ser "o escolhido"… Hmmm, sei não.

CAPÍTULO 13

OLHANDO PARA O FUTURO

Um dos problemas de se ter uma vida financeira caótica – seja com ou sem dívidas – é a perda da capacidade de se pensar de forma estratégica e no longo prazo.

Uma vida financeira desorganizada leva a pessoa a se comportar de forma reativa: corre atrás do próprio rabo, atolada em banalidades, cobranças e questões diversas que exigem atenção imediata.

Mas vamos, enfim, falar um pouco do futuro. E, neste caso, eu quero dizer o SEU futuro.

Eu não sei muito sobre a sua realidade e a sua vida (gostaria de saber, mas um livro, como meio de comunicação, tem suas limitações), mas posso dizer, com segurança, que se você não estiver sofrendo de alguma doença terminal e não tiver comportamentos de risco, é muito grande a probabilidade de que você vá viver MAIS do que está pensando.

O "RISCO DA LONGEVIDADE"

A expectativa de vida da Humanidade vem aumentando de forma exponencial. No fim do século XIX, a expectativa de vida média do mundo era inferior a 40 anos. Hoje, no momento em que eu escrevo estas palavras, a expectativa mundial é de pouco mais de 70 anos, e nas economias desenvolvidas já é mais de 80.

E lembre-se que, quando falamos de "média", estamos colocando nesse bolo gente que morre praticamente ao nascer e gente que vai bem além dos 100 anos. É um intervalo bastante grande.

Observe, então, que essa expectativa de vida praticamente dobrou em um período de pouco mais de cem anos. A dobra anterior levou, provavelmente, milhares de anos. E a próxima dobra pode acontecer em poucos anos ou décadas.

Isso tudo por causa (entre outras coisas) dos avanços nas tecnologias médica, sanitária e nutricional, que permitem às pessoas viverem mais e (espera-se) com mais saúde.

Então, reforço: se você já não estiver com o "pé na cova" neste exato momento, é bem provável que viva mais do que está pensando. E isso pode ser uma boa ou uma má notícia, dependendo da perspectiva.

O lado bom é que se passa a ter a possibilidade de viver mais. Desde que o mundo é mundo as pessoas vêm buscando maneiras de prolongar as próprias vidas. Se agora estamos conseguindo isso com avanços tecnológicos, então devo supor que seja uma coisa positiva. Isso significa (quem sabe) que você terá mais tempo para fazer aquilo que quer e curtir essa vida mais longa com as pessoas de que gosta.

O lado ruim é que viver custa caro... E uma vida mais longa implica uma preparação financeira e profissional mais robusta e melhor planejada.

A grande verdade é que a maioria das pessoas não está se preparando para a fase da aposentadoria nas condições atuais. O que dizer, então, de uma aposentadoria num cenário de vida mais longa?

Nos círculos de estudos atuariais e previdenciários, fala-se bastante em algo chamado "risco da longevidade". Explicando de uma forma simples, o risco da longevidade é o perigo de que os atuais mecanismos previdenciários (tanto públicos quanto privados) não deem conta dessa nova realidade em que as pessoas vivem mais.

Hoje em dia, já é bastante real a possibilidade de que a pessoa se aposente e passe mais tempo aposentada do que passou trabalhando. E isso tende a acontecer ainda mais no futuro. Naturalmente, temos aí um problema de equilíbrio econômico, pois a conta não fecha.

Então, é bastante possível que os mecanismos previdenciários do futuro acabem se tornando mais restritivos e mais limitados. E isso, para pessoas comuns como nós, é uma má notícia.

Tudo aquilo que foi falado sobre responsabilidade individual ao longo deste livro poderá ser jogado na nossa cara nesse provável futuro com maior expectativa de vida.

Caberá a nós nos prepararmos.

AS FONTES DE RENDA NA VELHICE

As pessoas que chegam a uma idade avançada têm, em geral, uma ou mais destas 4 fontes de renda:

- Renda profissional (continuam trabalhando).
- Aposentadoria.
- Patrimônio próprio.
- Suporte de terceiros.

Continuar trabalhando

Manter uma vida profissional em uma idade avançada é algo que alguns fazem por opção e outros fazem por necessidade.

A ideia de continuar trabalhando por muito tempo é algo que depende de muitas variáveis, como a natureza do trabalho (se é um trabalho braçal ou que exige alguma habilidade física) e o estado em que a pessoa chega à velhice.

Em algumas atividades, é possível seguir trabalhando por tempo indeterminado. Em outras, se quiser ficar na ativa vai ter que procurar alguma outra coisa para fazer.

De qualquer forma, muitas pessoas optam por esse caminho para manter a fonte de renda.

Aposentadoria

Aqui estamos falando, majoritariamente, da previdência pública. No Brasil (e em muitos países) as pessoas têm acesso garantido a um sistema público de previdência.

Como tudo que é público, o sistema público de previdência tem grandes problemas e limitações. Porém, ele existe e, efetivamente, muitas pessoas vivem dos benefícios previdenciários que recebem. Então, a previdência pública não deve ser desconsiderada como fonte de renda, a despeito dos discursos inflamados de alguns críticos que dizem que a previdência pública vai deixar a população na mão (isso nós só saberemos quando e se acontecer).

Patrimônio próprio

O patrimônio próprio é composto por aqueles ativos que a pessoa acumula ao longo da vida ou herda. Já falamos sobre ele antes, então não precisamos entrar em muitos detalhes.

Uma característica do patrimônio é que ele tem valor financeiro e, em boa parte dos casos, gera renda. Então, acaba sendo uma típica fonte de recursos para pessoas que chegam em idade avançada.

Aqui cabe uma observação: a previdência complementar, por suas características, se enquadra melhor como "patrimônio" do que como "aposentadoria". Nas condições atuais, podemos dizer que a previdência complementar tem muito mais características de um investimento de longo prazo com benefícios fiscais do que de uma aposentadoria tradicional.

Suporte de terceiros

Num passado muito distante (talvez não tão distante assim...), o plano de aposentaria típico das pessoas era fazer um monte de filhos, na expectativa de que aqueles filhos iriam segurar a barra dos pais na velhice.

O mais comum hoje é vermos o contrário disso – pessoas idosas aposentadas que ainda se veem na situação de ter que dar suporte financeiro a filhos adultos. Mas, ainda assim, muitas pessoas fazem seus planos para a velhice na expectativa de que alguém vá cuidar delas.

É um plano meio complicado. Viver da ajuda de terceiros (sejam esses terceiros da família ou não) significa viver de caridade. Pode parecer uma forma meio dura de se referir à situação, mas quem vive de favor de terceiros vive de caridade – simples assim. Não adianta querer dourar a pílula e inventar algum outro nome mais palatável para se referir a essa situação.

Viver de caridade é algo que coloca a pessoa em uma situação de risco por causa da dependência material, e que pode ser altamente danosa para a autoestima e para o respeito próprio.

A despeito disso, muitas pessoas acabam tendo a ajuda de terceiros como principal fonte de recursos na velhice.

PLANEJANDO A SUA RENDA FUTURA

Quando falei anteriormente em "fontes de renda na velhice", usei "velhice" na falta de um termo melhor, pois não sei qual será o real significado de "ficar velho" no futuro. Se eu conseguir chegar aos 70 anos com corpinho de 28, não sei se vou ficar feliz em ser chamado de velho. Podem me chamar de *vintage*...

De qualquer forma, é preciso começar a planejar o fluxo financeiro no futuro. O foco deste livro não é planejamento de longo prazo, e sim buscar um grau de liberdade financeira que permita, entre outras coisas, planejar ao longo prazo.

Por isso, lembre-se quais são suas prioridades. Se você ainda está vivendo no caos, sua missão é sair dele (e o planejamento de longo prazo espera). Porém, assumindo que você já conseguiu parar em pé financeiramente, pensar no seu futuro passa a ser algo imperativo.

Daquelas fontes de renda que descrevi quando falei da velhice, eu espero que nós possamos aqui concordar que viver de caridade é algo inaceitável. Então, vamos descartar da nossa lista, em definitivo, a ideia de ter que depender da boa vontade de terceiros.

Comecemos com a atividade profissional. O primeiro passo é definir se você QUER ter uma vida profissional a partir de certa idade. Assumindo que a resposta seja sim, é preciso observar a já discutida questão da empregabilidade e, ainda mais importante, da obsolescência.

Profissionais mais experientes reclamam (e com razão) da atitude preconceituosa demonstrada por muitos potenciais empregadores. Empresas com práticas de recursos humanos mais avançadas costumam dar mais importância para a questão da diversidade. Mas a grande verdade é que a maioria das empresas não está nem aí com isso e acaba vendo o profissional mais velho como um problema – e não como uma solução.

Porém, nem tudo é preconceito. Às vezes o profissional experiente se torna uma pessoa não empregável por abandonar o desenvolvimento profissional (e a si próprio). Adota uma postura prepotente e arrogante (na linha "já sei tudo e não preciso aprender mais nada") ou então cai na armadilha de acreditar que não vale a pena se atualizar, pois tem pouco tempo pela frente.

Então, assumindo que você tenha a intenção de seguir trabalhando no futuro, considere as seguintes questões:

- Você quer continuar trabalhando naquilo que já faz ou pretende fazer alguma outra coisa?
- Você quer trabalhar *full time* ou prefere alguma coisa com mais flexibilidade, como uma atividade autônoma ou de consultoria?
- Você quer trabalhar com o objetivo de obter ganhos financeiros expressivos ou toparia ganhar menos, mas em uma atividade que dê mais prazer e/ou consuma menos tempo?

São perguntas que precisam ser respondidas, e conforme as respostas você precisa começar a se preparar de acordo.

Sobre a aposentadoria (aqui me refiro ao benefício previdenciário), não faz parte do escopo do livro entrar em pormenores como se é importante "fazer pelo mínimo", "fazer pelo teto" e coisas do gênero. Meu único comentário é que é temerário descartar a aposentadoria com base em declarações como "a previdência está quebrada" e outras coisas do gênero.

Por fim, temos a questão do patrimônio próprio. A construção de um patrimônio para essa fase da vida é uma das coisas mais desafiadoras do mundo das finanças pessoais, principalmente pela dificuldade em estimar qual deve ser o tamanho desse patrimônio.

A grande pergunta aqui é: você quer um patrimônio que seja perene – que gere renda, mas se mantenha intacto – ou prefere formar um patrimônio para ir consumindo ao longo do tempo?

Ou então: você prefere uma vaca leiteira, que vai dar leite por tempo indeterminado, ou prefere matar o boi, cortar, congelar os bifes e ir comendo até acabar?

Para muitos, a resposta pode ser um pouco óbvia. Em circunstâncias normais, quem não preferiria um patrimônio "eterno", que gere renda sem acabar? Só que fazer um patrimônio com essas características não é fácil e exige (naturalmente) uma acumulação de dinheiro muito maior.

E pode não ser de interesse de algumas pessoas, que preferem adotar uma estratégia de "viver a vida ao máximo e não deixar nada para ninguém". É uma estratégia interessante, porém com o risco de o dinheiro acabar antes de você morrer! Então, planeje com cuidado.

E uma vez que se estime qual deve ser o tamanho desse patrimônio, o próximo passo é estabelecer a estratégia de investimento, definindo coisas como os ativos nos quais se investirá o dinheiro, as alocações e a diversificação.

RUMO À LIBERDADE FINANCEIRA

Organizar as finanças, planejar o próprio futuro e, quem sabe, colocar a si próprio no caminho da liberdade financeira não são coisas fáceis, mas também não é física quântica. O conhecimento necessário para se ter sucesso na gestão das finanças está ao alcance de qualquer pessoa, e isso apenas reforça a ideia de que uma vida financeira saudável e próspera depende muito mais das nossas atitudes e comportamentos do que, propriamente, de nosso conhecimento.

E uma vez que se adotem, na vida, os comportamentos e as atitudes que fazem a pessoa sair do buraco, basta não desviar do caminho e dar o tempo necessário para que as coisas evoluam.

Os comportamentos e atitudes que se adotam para resolver uma vida financeira bagunçada são exatamente os mesmos comportamentos e atitudes necessários para construir riqueza e um futuro com conforto e abundância.

Por mais caótica que sua situação possa estar, lembre-se que, a cada dívida que é riscada da sua lista, mais financeiramente sólida a sua vida fica e mais próximo está o seu objetivo final.

TUDO É UM PROCESSO. APENAS NÃO SAIA DO CAMINHO.

LEIA TAMBÉM

EDUARDO FERRAZ

GENTE DE RESULTADOS

MANUAL PRÁTICO
para formar e
liderar equipes
enxutas de alta
performance

Planeta ESTRATÉGIA

EDUARDO **FERRAZ**

GENTE QUE CONVENCE

COMO POTENCIALIZAR SEUS TALENTOS,
IDEIAS, SERVIÇOS E PRODUTOS

SIM

Planeta ESTRATÉGIA

8ª edição

EDUARDO FERRAZ

SEJA A PESSOA CERTA NO LUGAR CERTO

SAIBA COMO ESCOLHER EMPREGOS,
CARREIRAS E PROFISSÕES MAIS
COMPATÍVEIS COM SUA PERSONALIDADE

Planeta ESTRATÉGIA

VERSÃO ATUALIZADA E ESTENDIDA

AUTOR
BESTSELLER COM MAIS DE
250 MIL LIVROS VENDIDOS

**Acreditamos
nos livros**

Este livro foi composto em Adobe Garamond
Pro e impresso pela Geográfica para a Editora
Planeta do Brasil em outubro de 2019.